LE PLACEMENT

DES

OUVRIERS & EMPLOYÉS

DES DEUX SEXES

ET DE TOUTES PROFESSIONS

& LA LOI DU 14 MARS 1904

THÈSE POUR LE DOCTORAT

Présentée et soutenue le mercredi 17 janvier 1906, à 1 heure

PAR

Gabriel BECCI

LAURÉAT DE LA FACULTÉ DE DROIT DE CAEN

AVOCAT A LA COUR D'APPEL

Président : M. RAOUL JAY, *professeur.*
Suffragants : MM. PERREAU, *agrégé.*
TRUCHY, *agrégé.*

PARIS

LIBRAIRIE NOUVELLE DE DROIT ET DE JURISPRUDENCE

ARTHUR ROUSSEAU, ÉDITEUR

14, RUE SOUFFLOT ET RUE TOULLIER, 13

1906

THÈSE

POUR LE DOCTORAT

UNIVERSITÉ DE PARIS. — FACULTÉ DE DROIT

LE PLACEMENT

DES

OUVRIERS & EMPLOYÉS

DES DEUX SEXES

ET DE TOUTES PROFESSIONS

& LA LOI DU 14 MARS 1904

THÈSE POUR LE DOCTORAT

L'ACTE PUBLIC SUR LES MATIÈRES CI-APRÈS

Sera soutenu le mercredi 17 Janvier 1906, à 1 heure

PAR

Gabriel BECCI

LAURÉAT DE LA FACULTÉ DE DROIT DE CAEN

AVOCAT A LA COUR D'APPEL

Président : M. Raoul JAY, *professeur.*
Suffragants : { MM. PERREAU, *agrégé.*
TRUCHY, *agrégé.*

PARIS

LIBRAIRIE NOUVELLE DE DROIT ET DE JURISPRUDENCE

ARTHUR ROUSSEAU, ÉDITEUR;

14, RUE SOUFFLOT ET RUE TOULLIER, 13

1906

BIBLIOGRAPHIE

Annuaire des syndicats professionnels, 1903.

Barberet. — *Les sociétés de secours mutuels.*

Bellet. — *La lutte contre le chômage en Suisse (Journal des Economistes, 1905).*

Bulletin de l'Office du travail, 1904 et 1905.

Collection officielle des ordonnances de police.

Compte rendu des séances du Conseil supérieur du travail, 1891.

Dupont-White. — *Essai sur les relations du travail avec le capital,* 1846.

Fontaine et **Picquenard.** — *La réglementation nouvelle des Bureaux de placement*, 1905.

Fouillée (Alfred). — *L'idée de police sociale (Revue des Deux-Mondes),* 1899.

Gides (Charles). — *Rapport du jury de l'Exposition internationale de 1900 (Economie sociale).*

Honnorat. — *Etude sur le placement des travailleurs*, 1896.

Isambert. — *Anciennes lois françaises.*

Jay (Raoul). — *Rapport à la Commisssion extra-parlementaire de codification des lois ouvrières.*

— *L'organisation du travail par les syndicats professionnels (Revue d'Economie politique)*, 1894.

La Fontaine. — *Socialisme et solidarité.*

Molinari (de). — *Les Bourses du travail.*

Normand (Georges). — *Etude comparée sur le placement des sans-travail en France et à l'étranger.*

Office du travail. — *Le placement des employés ouvriers, domestiques, en France ; son histoire, son état actuel*, 1893.

— *Seconde enquête sur le placement des ouvriers, employés et domestiques*, 1901.

Pelloutier. — *Histoire des Bourses du travail.*

Prins. — *L'organisation de la liberté*. Bruxelles, 1896.

Varlez (Louis). — *Rapport sur les bureaux de placement en Allemagne*, 1904.
Willougby. — *Employement bureaus.*

Documents parlementaires.

Chambre des députés, 8e législature, n° 1248, 29 octobre 1903. *Rapport* par M. Chambon, député.

Sénat, 21 décembre 1903, n° 344. *Rapport* par M. Aucoin sénateur.

Journal officiel des 20, 22, 23, 27 et 29 janvier 1904. Compte rendu *in extenso* des séances du Sénat.

Journal officiel du 10 mars 1904. Compte rendu *in extenso* des séances de la Chambre des députés.

Projet de loi portant codification des lois ouvrières. — Chambre des députés, 8e législature, n°° 2237 et 2259, 6 et 21 février 1905.

Archives municipales.

Procès-verbaux des séances du conseil municipal de Paris, années 1900-1901, 1902, 1903, 1904 et 1905.

Rapport de la Commission de surveillance des Bureaux de placement, années 1897-1898-1899-1900-1901-1902-1903-1904.

LE PLACEMENT

DES

OUVRIERS ET EMPLOYÉS

DES DEUX SEXES & DE TOUTES PROFESSIONS

ET LA LOI DU 14 MARS 1904

INTRODUCTION

« Parmi les données qui permettront de dégager peut-être un jour les lois si complexes de l'activité de notre société laborieuse, écrivait le 1er novembre 1892, M. Jules Lax, premier directeur de l'Office du travail, à M. Jules Roche, ministre du commerce et de l'industrie (1), l'une des plus essentielles est, sûrement, la connaissance des moyens auxquels peuvent recourir ceux qui la composent pour se procurer du travail. De fait, aussi, dans notre pays, la question du placement des travailleurs intéresse entre toutes, parfois même jusqu'à la passion, le monde ouvrier. »

Par cette observation, le directeur de l'Office du travail

(1) Cette lettre de M. Jules Lax sert d'introduction au rapport de l'Office du travail sur l'enquête relative au placement des employés, ouvriers et domestiques, publiée en 1893.

voulait indiquer l'importance que présente la question du placement pour le gouvernement et les hommes politiques (1), et il expliquait pourquoi, dès la mise en marche, en octobre 1891, du service dont la direction lui avait été confiée, il avait cru devoir, avec l'assentiment du ministre du commerce et de l'industrie, faire porter l'une des premières études de l'Office du travail sur le placement des employés, ouvriers et domestiques.

L'intérêt pratique de la question est considérable en effet, car l'emploi plus ou moins actif des forces productives d'un pays, et par suite, non seulement l'amélioration matérielle et morale des travailleurs, mais encore la prospérité de toute industrie manufacturière, agricole ou commerciale, dépendent certainement de la facilité avec laquelle les offres et les demandes sont rapprochées pour former le contrat de travail.

L'enquête publiée en 1893 (2) par l'Office du travail, et l'enquête complémentaire de 1898 publiée en 1901 (3), nous donnent les détails les plus complets qui ont pu être recueillis sur toutes les institutions de placement en France. Il était facile d'en constater les lacunes et les vices qui rendaient nécessaire l'élaboration d'une législation nouvelle.

(1) M. Lourties, dans son rapport (n° 68) au Sénat, le 10 décembre 1897, disait : « La question du placement fait depuis longtemps partie des revendications du monde du travail, surtout dans les grandes agglomérations industrielles et elle préoccupe tous ceux qui ont à cœur d'améliorer autant que possible les conditions sociales des classes laborieuses. »

(2) *Office du travail*, Le placement des employés, ouvriers et domestiques en France, son histoire, son état actuel. Paris, Imprimerie nationale, 1893.

(3) *Office du travail*, Seconde enquête sur le placement des employés, des ouvriers et des domestiques. Paris. Imprimerie nationale, 1901.

A la suite de ces deux enquêtes, après un travail législatif considérable manifesté par le dépôt successif de quinze propositions ou projets de loi, et aussi, il faut le dire, après vingt ans d'agitation dans la population ouvrière à Paris et dans quelques villes, une loi sur le placement a enfin été promulguée le 14 mars 1904.

Cette loi, relative au placement des employés et ouvriers des deux sexes et de toutes professions, vient d'être insérée dans le livre premier du Code du travail, présenté à la Chambre des députés par le gouvernement (1) et voté par elle dans la séance du 15 avril 1905 (2).

Bien que M. Jay, dans le rapport qu'il a fourni sur ce livre premier à la Commission extraparlementaire de codification des lois ouvrières, formule l'espoir : « que ce travail de coordination aura pour résultat de hâter l'élaboration et la promulgation d'une législation générale et homogène sur la formation et les effets du contrat de travail » (3), il est probable que cette loi du 14 mars 1904, surtout après son insertion dans le nouveau Code, va influencer le marché du travail pendant de longues années.

A raison de la durée et de l'importance des conséquen-

(1) Le dépôt du projet à la Chambre des députés avait été précédé d'une étude approfondie par une Commission extraparlementaire de codification des lois ouvrières. M. Raoul Jay a rédigé le rapport sur le livre Iᵉʳ du Code du travail et de la prévoyance sociale, ayant pour titre : *Des conventions relatives au travail.* — Voir annexe II au projet de loi portant codification des lois ouvrières, liv. I, II, III et IV du Code du travail et de la prévoyance sociale. Chambre des députés, 8ᵉ Législature, session de 1905, nᵒ 2237, p. 93 à 122. — Les textes relatifs au placement font partie du rapport de M. Jay.

(2) *Journal officiel* du 16 avril 1905. Chambre des députés, compte rendu de la séance du 15 avril 1905, p. 1445.

(3) Raoul Jay, *Rapport à la Commission extraparlementaire de codification des lois ouvrières,* p. 96.

ces qu'elle peut produire, il nous a paru intéressant de rechercher si cette loi du 14 mars 1904 réalise une réforme sérieuse et utile de l'organisation du placement en France.

A cet effet, nous voulons étudier :

Les principes qui, en théorie, nous paraissent devoir servir de base à une bonne organisation du placement.

L'évolution qui s'est accomplie, en France, au cours du xix° siècle, dans les institutions de cette nature.

L'œuvre législative qui s'est manifestée par les nombreuses propositions ou projets de loi dont nous avons parlé plus haut (1), et qui s'efforçaient d'édicter la formule de cette évolution.

Enfin la loi du 14 mars 1904, son texte, ses conséquences juridiques, ses résultats, du moins les résultats connus d'après les statistiques que nous possédons jusqu'à présent.

Nous essaierons ensuite de dégager de cette étude un enseignement pour l'avenir.

La division de notre travail résulte de son objet.

Dans une première partie, nous étudierons la théorie (chap. I) et l'évolution (chap. II) du placement.

Dans une deuxième partie, qui aura pour titre : Œuvre législative relative au placement avant 1904, nous examinerons dans le chapitre I, les propositions de réforme de 1882 à 1903, et dans le chapitre II la préparation, la discussion et le vote de la loi de 1904.

Dans une troisième partie, après avoir donné le texte de la loi du 14 mars 1904, nous observerons les conditions de son application et nous en rechercherons les résultats.

(1) Voir *suprà*, p. 2.

Ceci fera l'objet de trois chapitres : — I. Promulgation de la loi du 14 mars 1904. — II. Application de la loi. — III. Résultats de la loi. Dans un chapitre IV, nous indiquerons la place que tient cette loi dans le Code du travail et nous analyserons les textes qui lui sont ajoutés.

La conclusion aura un double but : d'abord, de résumer l'ensemble de notre travail, et ensuite d'indiquer les réflexions et les enseignements qu'il convient d'en extraire pour l'amélioration de nos institutions de placement.

Nous ne dissimulons point cependant, qu'au point de vue de l'utilisation des forces productives d'un pays, et quelqu'intérêt que puisse offrir l'étude de la législation du placement, elle n'est qu'une face de la question. L'agitation créée autour du fonctionnement des bureaux de placement a été considérable, peut-être aussi a-t-elle été factice. Les reproches qu'on leur a faits ont été nombreux ; ont-ils été toujours justes, c'est ce que la suite de cette étude s'efforcera de faire ressortir.

PREMIÈRE PARTIE

THÉORIE ET ÉVOLUTION DU PLACEMENT

—

CHAPITRE PREMIER

THÉORIE DU PLACEMENT.

En théorie, le placement doit être professionnel et gratuit.

Le principe du caractère professionnel et le principe de la gratuité sont les deux éléments qui doivent constituer toute bonne organisation du placement.

Nous allons successivement les examiner.

**§ 1. — Principe du caractère professionnel
du placement.**

« Le placement, comme toute autre forme d'assurance, a écrit M. Gide (1), ne fait que parer à un risque spécial, le chômage, qui ne se distingue des autres risques : accident, maladie, invalidité, que par son caractère professionnel. »

(1) *Rapport du jury international de l'Exposition universelle international de 1900 à Paris.* « Introduction générale », t, V, VI° partie, « Economie sociale », par M. Charles Gide, p. 32.

Scientifiquement organisé, le placement peut être conçu en effet comme une forme d'assurance, et il intéresse l'organisation du travail toute entière ; car le problème bien compris consiste :

A classer les activités ;

A les diriger vers les travaux les plus productifs ;

Et à les employer toutes, en veillant à assurer entre elles une égale répartition du travail :

Des statistiques exactes très approfondies et des calculs rigoureux pourraient faire connaître la formule mathématique, dont l'application permettrait de couvrir le risque du chômage, du moins quand il est individuel.

En fait, le placement est, ainsi que le fait remarquer ailleurs le même auteur (1) un remède très modeste et simplement préventif, par lequel on cherche à diminuer les cas de chômage en procurant du travail aux ouvriers qui n'en ont pas. Même dans cette limite : « s'il était théoriquement parfait, c'est-à-dire si chaque place qui se trouve vacante pouvait être aussitôt remplie, il est certain que le nombre des cas de chômage serait très sensiblement réduit. L'enquête de l'Office du travail, publiée en 1893, montre en effet, que, si au lieu de considérer chaque établissement séparément, on embrasse l'ensemble de la population ouvrière, on ne trouve plus que 3 0/0 d'ouvriers en excédent sur le nombre de places disponibles » (2).

Pour réaliser cette perfection, il ne suffit pas évidemment qu'une institution de placement se donne pour unique mission d'opérer le rapprochement des offres et des demandes d'emploi, de conclure et de constater, même avec la plus grande loyauté, l'accord entre employeurs et ouvriers ou employés.

(1-2) Charles Gide, *Rapport précité*, p. 236 et 237.

Il faut qu'elle recherche les offres et les demandes des parties qui ont intérêt à former un contrat de travail et qui restent inactives parce qu'elles s'ignorent.

Des résultats de cette recherche qui doit être permanente et sans cesse renouvelée, elle doit établir une statistique précise en groupant par professions ou industries toutes les offres et les demandes formulées dans tout le pays où elle opère.

Cette statistique doit être mise à la disposition des intéressés par la publicité la plus grande, et il y a lieu d'y ajouter tous les renseignements désirables sur la nature et les conditions des emplois demandés ou offerts, sur la valeur morale des parties contractantes, ainsi que sur les aptitudes et la force productive de chacune d'elles.

Une bonne institution de placement doit enfin faciliter la formation du contrat de travail entre les parties dont elle a opéré le rapprochement (1), mais en mettant tous ses soins à ce que la rémunération soit toujours déterminée par l'état du marché de travail, et non par des causes accidentelles qui mettent l'ouvrier à la merci des circonstances.

Dans ces conditions, le rapprochement entre les sans-travail et ceux qui cherchent des travailleurs est bien toujours la mission essentielle de toute bonne institution de placement, mais cette mission est organisée de telle manière qu'elle ne donne pas seulement satisfaction aux besoins immédiats, elle produit un effet utile sur la sécurité des travailleurs et sur les progrès de l'industrie dans l'avenir.

(1) Voir Georges Normand, *Etude comparée sur le placement des sans-travail en France et à l'étranger*, p. 28 (Préface par Gustave Mesureur, ancien ministre du commerce).

La question n'est plus alors une simple question de bureaux de placement ou d'agences de renseignements, elle intéresse l'organisation du travail et plus exactement l'organisation de l'industrie elle-même puisqu'elle en détermine et dirige les forces actives.

Il est évident que le placement professionnel seul peut réaliser toutes ces conditions.

Dans chaque industrie, les intéressés connaissent mieux les besoins de bras et de capitaux, les ressources nécessaires et disponibles ; le placement professionnel pourra toujours réunir et donner plus de détails sur la valeur morale, productive, artistique des forces actives ou directrices. D'autre part, dans le placement professionnel, il n'y a pas à redouter une contrariété d'intérêts entre ceux qui font le placement, et ceux qui sont placés ou la profession à laquelle ils appartiennent. Tous les groupements professionnels, qui font rentrer dans leurs devoirs la lutte contre le chômage, feront de leur mieux afin de placer l'ouvrier le plus tôt possible et pour le plus long temps possible. Au contraire, les bureaux de placement payants qui trouvent dans l'exercice de leur industrie de placeurs des bénéfices qui ne peuvent croître qu'en raison de l'intensité du chômage, c'est-à-dire de l'intensité de la misère (1), ont tout intérêt à voir ceux qu'ils placent revenir les trouver au plus tôt et souvent, puisque, aussi longtemps que l'ouvrier chôme, il reste à leur charge (2) pour leur plus grand profit ; l'intérêt des ouvriers et même l'intérêt de l'industrie sont en raison inverse de l'intérêt de ceux qui font du placement une industrie spéciale. Aussi l'histoire de l'évolution des institutions de placement, qui n'est en

(1) Rapport de M. Chambon à la Chambre des députés, nº 1248, p. 2.
(2) Charles Gide, *Rapport précite*, p. 243.

apparence que l'histoire de la lutte du placement professionnel contre l'industrie des placeurs, se confond-elle avec l'histoire des progrès de l'organisation de l'industrie par groupements professionnels.

Dès 1894, M. Raoul Jay préconisait le placement par les syndicats professionnels, et, à l'appui de sa conception (1), il citait l'opinion d'hommes politiques des partis les plus opposés, M. de Mun et M. Challemel-Lacour.

« Je pense, avait dit M. de Mun à la Chambre des députés (2), que le placement des ouvriers et employés est, comme toutes les affaires où sont engagés les intérêts des travailleurs, non pas, ainsi que le disait un de nos collègues, une question commerciale, mais avant tout et exclusivement une question professionnelle, et j'en conclus naturellement que la vraie solution de cette question est dans une organisation professionnelle beaucoup plus capable, au point de vue de la compétence et au point de vue des garanties, de donner satisfaction aux besoins et intérêts des ouvriers et des patrons, qu'une organisation purement commerciale dans laquelle l'intérêt personnel de l'entrepreneur prime naturellement pour lui tous les autres. »

M. Raoul Jay citait aussi l'opinion de M. Challemel-Lacour qui, parlant au nom de la Commission des bureaux de placement, disait, en 1891, au Conseil supérieur du travail : « Il est clair, au contraire, que les chambres syndicales, soit de patrons, soit d'ouvriers, sont naturellement indiquées pour aider les ouvriers sans travail à se placer.

« Nous sommes restés convaincus, après un examen

(1) Raoul Jay, L'organisation du travail par les syndicats professionnels. *Revue d'Économie politique*, 1891, p. 314 et 315.

(2) Séance du 9 mai 1893.

attentif, que là serait la solution de la question, la solution complète et décisive peut-être, si deux conditions étaient remplies : la première, c'est que les syndicats de patrons et d'ouvriers pussent s'entendre pour former des bureaux de placement mixtes ; la seconde, serait que les bureaux mixtes prêtassent leur concours à tous les ouvriers sans exception, moyennant une légère rétribution imposée à ceux qui ne feraient pas partie des syndicats, ce qui serait légitime. Si ce système était mis en pratique, il présenterait de tels avantages qu'il ne tarderait pas à rendre inutiles les bureaux de placement industriels et à en amener plus ou moins rapidement la disparition » (1).

Le seul inconvénient du placement professionnel serait alors de ne pouvoir s'appliquer aux professions non syndiquées : certaines professions, ayant un caractère familial, celles de la domesticité sous toutes ses formes, sont, en effet, difficiles à encadrer.

Mais toute personne appartient à un groupement régional, et, dans ce cas, c'est au groupement régional à organiser pour ces professions des institutions de placement.

Il est facile de constater, d'ailleurs, que le placement peut être fait par des groupements régionaux sans cesser d'être professionnel, car, d'une part, dès que, dans une région, les professions prennent une certaine importance, il faut les différencier, les considérer isolément, et il se forme des institutions spéciales de placement ; d'autre part, les organes les plus rudimentaires du placement sont bien obligés de prendre en considération, tout d'abord la nature, puis la catégorie de la profession à laquelle appartiennent les sans-travail, quels qu'ils soient.

(1) *Conseil supérieur du travail*, 1re session, février 1891, p. 22.

L'examen attentif de cette exception apparente montre ainsi qu'il s'agit d'une impossibilité de donner une organisation scientifique à cette profession de domestique à raison de son caractère familial et dans la limite où elle conserve ce caractère familial, plutôt que d'une exception au principe du placement professionnel.

Ce principe est certainement l'élément essentiel de toute bonne organisation du placement.

§ 2. — Principe de la gratuité du placement.

Nous avons dit que le principe du caractère professionnel du placement, qui se trouve corrélatif aux progrès de l'organisation de l'industrie, devait être l'idée essentielle de toute bonne organisation du placement (1).

Le principe de la gratuité s'impose théoriquement avec la même force, à toute institution de placement (2).

L'idée que le placement peut être fait moyennant une redevance provient de ce que le travail est considéré par certains économistes comme une marchandise ; il en résulterait que le courtage, qui a pour objet l'achat et la vente de cette marchandise, serait une industrie régulière protégée par le principe de la liberté du commerce et de l'industrie.

Mais cette idée, comme toutes les idées absolues, est contraire à l'organisation sociale et à la conception des phénomènes sociaux qui en dérive.

« *Au sens purement économique*, le travail est une marchandise, rien de plus, a écrit M. Fouillée (3) ; comme

----

(1) Voir *suprà*, p. 7.
(2) Voir *suprà*, p. 7.
(3) Alfred Fouillée, L'idée de justice sociale, *Revue des Deux-Mondes*, p. 49 et 50, 1er mars 1899.

toute marchandise, il est envoyé sur le marché pour être acheté et vendu à sa valeur échangeable. Mais, *dans le sens sociologique, moral et religieux,* le travail représente, selon l'expression de Taylor, les énergies accumulées de créatures vivantes et sentantes, entre lesquelles il y a une solidarité nécessaire. De plus, ces énergies vivantes font elles-mêmes partie d'un organisme plus vaste, en dehors duquel elles ne sauraient vivre, et qui est la société entière, avec sa solidarité enveloppant tous ses membres dans le passé, dans le présent, dans l'avenir............ Si l'on tient à ce que le travail soit une marchandise, c'est en tout cas une marchandise *sui generis,* ne ressemblant à aucune autre et ayant ses lois toutes spéciales. Avec en effet, elle, la personnalité humaine tout entière est en jeu ; derrière la main-d'œuvre, il y a l'homme. C'est là précisément ce qui complique tant les problèmes relatifs à l'organisation du travail. Les réduire à leur côté purement économique et matériel, c'est les abaisser et les mutiler ; ils ont un côté humain et social qui en fait la beauté, mais aussi la difficulté et le péril. »

Et M. Fouillée ajoutait : « Répétons donc qu'une société d'êtres moraux n'a pas un caractère exclusivement matériel et économique ; elle n'existe pas uniquement, — et Sismondi l'avait déjà remarqué, — « pour fournir au plus bas prix des boutons et du coton ». L'homme, a dit à son tour M. Prins (1), « est autre chose qu'un accumulateur de capital ; tout individualisme économique qui lui inspire cette conviction est fausse ».

La gratuité du placement est donc un principe d'ordre social.

(1) *L'organisation de la liberté,* Bruxelles, 1896.

Le rapprochement entre les offres et les demandes de travail ne doit pas être l'objet d'un profit pour ceux qui l'opèrent, car, ainsi que l'a écrit un grand philanthrope (1): « le travail n'est pas une chose d'intérêt purement privé, c'est une fonction sociale, la source de la prospérité générale », et nul n'a le droit d'y mettre obstacle ou d'en rendre la rémunération plus faible par le prélèvement d'une redevance à raison de son intervention dans la formation du contrat de travail.

Ce prélèvement sur le salaire est une prime sur le travail.

Au point de vue de l'équilibre social, il y a là un manquement aux devoirs sociaux.

Au point de vue politique, cette prime sur le travail est un acte antidémocratique et une violation du droit d'égalité dans les rapports entre patrons et ouvriers.

Au point de vue humanitaire, cette prime sur le travail, qui est parfois une prime sur la misère et une forme d'exploitation des malheureux, peut compromettre l'existence des ouvriers, et dans tous les cas leur bonheur et leur sécurité.

Ces considérations se sont imposées si fortes, et les faits en ont si bien montré les conséquences dangereuses, que le principe de la liberté de l'industrie n'a pu être maintenu d'une manière absolue pour les institutions de placement.

Il a fallu réglementer, tarifer les bénéfices, soumettre l'industrie ainsi réglementée et tarifée à l'autorisation et à la surveillance de la police.

Ceux même qui soutiennent le sophisme de la liberté

(1) Dupont White, *Essai sur les relations du travail avec le capital*, 1846.

commerciale en matière de courtage du placement, n'oseraient en pousser l'application jusqu'à ses conséquences extrèmes.

Ce qu'on a appelé les abus des bureaux de placement ne sont que des infractions à leur réglementation.

La mise aux enchères des bonnes places, la perception de commissions préalables à tout placement, l'entente avec des tiers pour provoquer des déplacements suivis de replacements, c'est-à-dire pour multiplier les affaires, la vente de fonds de commerce qui deviennent autant de succursales de l'agence de placement, sont certainement des actes qui, dans une industrie licite, sont des plus réguliers et presque nécessaires puisqu'ils tendent à étendre l'influence de l'industrie et à en augmenter les bénéfices.

Dans l'industrie du placement, ce sont des actes prohibés, et dont la prohibition est sanctionnée par la loi pénale et même par l'interdiction de la profession.

Ces considérations générales montrent combien la liberté commerciale en cette matière est dangereuse et inapplicable.

Si nous considérons maintenant les intérêts spéciaux de chaque industrie, il est facile de constater que le placement payant est un danger permanent pour tous.

L'intérêt de ceux qui font du placement une industrie spéciale est directement opposé à l'intérêt de toute autre industrie, et à la sécurité des ouvriers ainsi que des patrons eux-mêmes.

Les patrons comme les ouvriers, en effet, ont intérêt, dans chaque industrie, à éviter le malaise qui résulte du chômage général ou individuel, parce qu'il entraîne une concurrence plus âpre entre les forces productives comme

entre les forces actives, et qu'il en résulte toujours une
dépréciation du prix aussi bien des produits que du travail. Les placeurs, au contraire, ont intérêt à entretenir
le chômage individuel afin d'avoir un plus grand nombre
de clients et de pouvoir satisfaire à toutes les demandes ;
ils sont ainsi fatalement amenés à créer un chômage
factice, par la nécessité de se constituer une clientèle
toujours plus nombreuse dans le centre où ils opèrent.
Ce chômage factice est aggravé par les moyens qu'ils emploient pour attirer des ouvriers dans leur ville au risque
de multiplier le vagabondage et la misère. Les malheureux
se laissent facilement illusionner par les promesses fal-
lacieuses de réclames intéressées : la concurrence créée
entre les travailleurs n'est plus alors une concurrence
économique, c'est une concurrence vitale.

Pour combattre tout chômage aussi bien individuel que
collectif, les patrons comme les ouvriers ont intérêt, dans
chaque industrie, à assurer une égale répartition des forces
productives, en permettant le meilleur emploi, et dans
tous les cas l'emploi régulier. Les placeurs, au contraire,
ont intérêt à empêcher cette égale répartition des forces
productives dont l'emploi régulier supprimerait tous leurs
bénéfices ; pour subsister, ils sont amenés à créer une
réserve de sans-travail, qui leur permet, il est vrai, de
présenter à ceux qui s'adressent à eux un choix de gens à
placer, mais aussi d'entretenir une source de profits inin-
terrompus pour leur seule industrie.

Les patrons, comme les ouvriers, ont intérêt, pour se
préserver du chômage individuel ou collectif, à organiser
fortement l'industrie à laquelle ils appartiennent. Les
groupements professionnels ainsi formés se chargent de
la défense de tous leurs intérêts professionnels et notam-

ment de leur sécurité, quant à l'emploi de leurs forces,
par l'assurance contre le chômage, le placement, le *viati-
cum* et tous moyens préventifs. L'organisation est ainsi un
acte de sage prévoyance. En payant une simple cotisation
à son groupement professionnel, l'ouvrier se met à l'abri
de circonstances accidentelles qui pourraient l'opprimer
et le contraindre à se vendre à vil prix ; le patron se met
à l'abri de la répercussion de ces circonstances accidentelles, et l'industrie elle-même y étant soustraite, n'est
plus influencée que par les causes économiques générales.
Cette prévoyance contribue à la fois à la prospérité de
l'industrie, qui ne peut vivre et progresser sans sécurité,
à celle des ouvriers et à celle des patrons eux-mêmes, dont
l'intérêt est intimement lié à celui des progrès de leur
industrie. Les placeurs ont intérêt, au contraire, à empêcher toute organisation qui pourrait donner un moyen
préventif du chômage individuel ; par une habile publicité
d'offres et demandes d'emplois, toujours subordonnés
d'ailleurs, à la perception d'une redevance, ils s'efforcent
d'écarter les ouvriers et les patrons de tout groupement
en entretenant chez eux une fausse sécurité, en donnant
l'illusion d'un secours certain au moment propice et d'une
manière générale, ils laissent les patrons et les ouvriers
abandonnés uniquement à des garanties accidentelles : c'est
le pur hasard qui détermine les placements effectués et
leur valeur. En cas de crise, tous ceux qui ont mis leur
confiance dans les placeurs, restent désarmés, à la merci
de ces industriels qui tirent profit de cette imprévoyance.

Il est une hypothèse cependant dans laquelle l'intérêt
des placeurs paraît s'accorder avec l'intérêt de tous, c'est
l'hypothèse d'un chômage général, quelle qu'en soit la
cause. Dans ce cas, en effet, les placeurs sont en posses-

sion d'une forte clientèle disponible, mais il leur est impossible d'en tirer profit. Les placeurs semblent donc avoir intérêt à la cessation d'un chômage général frappant une industrie.

Quant au chômage individuel, l'intérêt des placeurs est de l'entretenir même au détriment des ouvriers ; il en résulte que le placement payant a pour effet de consommer au milieu de la prospérité générale de l'industrie, la ruine ou l'appauvrissement du moins riche.

Dans un pays comme le nôtre, cette déchéance individuelle est un danger politique et un crime social. Tous les citoyens sont égaux en droit : toute institution, qui directement ou indirectement compromet cette égalité, compromet l'ordre public et l'ordre économique qui en dépend, Chez un peuple, l'intérêt économique général n'est que le groupement des intérêts économiques de chacun : toute organisation économique ou industrielle, toute institution, qui porte atteinte au droit individuel, compromet la sécurité et la prospérité du corps social tout entier.

Les considérations générales et spéciales, que nous avons exposées, nous l'ont montré, le placement payant, en portant atteinte aux intérêts de l'ouvrier compromet les intérêts des patrons et la prospérité de l'industrie elle-même.

Nous croyons donc que le principe de la gratuité doit régir toute bonne organisation du placement, de telle manière que non seulement le rapprochement des offres et demandes de travail, mais encore l'ensemble des services d'un organe de placement soient entièrement gratuits.

Le meilleur système est celui du placement professionnel à titre gratuit.

Pour les ouvriers isolés et les professions non syndi-

quées, les communes dans l'intérêt de la prospérité générale et de la sécurité qui exige l'emploi de toutes les
facultés, devront compléter l'œuvre des groupements professionnels en organisant des bureaux municipaux gratuits.

CHAPITRE II

§ 1. — Considérations générales.

Nous avons indiqué les deux principes qui, en théorie, doivent régir toute bonne organisation du placement,

L'évolution du placement nous montre les progrès de ces deux principes et leur application se généralisant de plus en plus malgré tous les obstacles. Ainsi que nous l'avons dit plus haut (1), l'histoire de l'évolution des institutions de placement qui n'est en apparence que l'histoire de la lutte du placement professionnel contre l'industrie des placeurs, se confond avec l'histoire des progrès de l'organisation de l'industrie par groupements professionnels, ceux-ci ne pouvant évidemment pratiquer que le placement professionnel et gratuit.

Sous l'ancien régime, les ouvriers et employés étaient immatriculés et hiérarchisés dans les corporations, les domestiques étaient généralement pris dans la clientèle de la maison ou par relations. Sauf les compagnons qui faisaient leur tour de France par étapes successives chez leurs compagnons des autres villes, ouvriers employés et domestiques voyageaient peu et trouvaient dans leur ville natale les moyens de gagner leur vie. Seuls risquaient de se trouver sans places les employés et domestiques venus

(1) Voir p. 11.

dans les grands centres, à Paris notamment, pour chercher fortune.

Le spectacle des misères de ces malheureux déçus dans leurs espérances inspira au docteur Théophraste Renaudot (1) l'idée de créer un bureau d'adresses, où notamment (2) « les maîtres qui veulent prendre des serviteurs

(1) Venu à Paris, Renandot avait été frappé de l'affluence des malheureux qui accouraient « en troupe sous l'espérance de quelque avancement qui se trouve souvent vaine et trompeuse, car ayant dépensé ce peu qu'ils avaient au payement des bien-venues et autres frais inutiles auxquels les induisent ceux qui promettent de leur faire trouver employ et aux desbauches qui s'y présentent d'elles-mêmes auxquelles leur oysiveté donne un facile accez, ils se trouvent accueillis de la nécessité avant qu'avoir trouvé maistre : d'où ils sont portés à la mendicité, aux vols, meurtres et autres crimes énormes, et par les maladies que leur apporte en bref la disette infectant la pureté de notre air et surchargent tellement par leur multitude l'Hôtel-Dieu et les autres hôpitaux que nonobstant tout le soing qu'on y apporte, ils peuvent véritablement dire que le nombre les rend misérables. Au lieu qu'ils pourront désormais une heure après leur arrivée en cette ville venir apprendre au bureau s'il y a quelque employ ou conditions présentes et y entrer plus aisément qu'ils ne feroient après avoir vendu leurs hardes, ou n'y en ayant point, se pourvoir ailleurs. Ce qui se fera discerner plus facilement les fainéants et gens sans aveu, pour en faire la punition qu'il appartiendra ».

(2) Voir l'ordonnance du 31 mars 1628. — Voici comment la création de ce bureau d'adresses avait été annoncée et ses opérations indiquées : « De par le Roy, on fait assavoir à toutes personnes qui voudront vendre, achepter, louer, permuter, prester, apprendre, enseigner : aux maîtres qui veulent prendre des serviteurs et à ceux qui cherchent condition pour servir en quelque qualité que ce soit ; à ceux qui auront les lieux, commoditez et industries propres pour estre employez à quelques-unes des choses mentionnées en ce présent livre, on qui auront d'autres advis à donner ou recevoir pour toutes sortes d'affaires, négoces et commodités quelconques, qu'ils y seront reçus indifféremment, sans qu'on y préfère ou favorise aucun aultre que celuy qui fera la condition du public meilleure ; et qu'ils se pourront adresser au Bureau establ y par Sa Majesté pour la commodité publique, qui est ouver depuis huit heures du matin jusques à midy et depuis deux heures

et ceux qui cherchent condition pour servir en quelque qualité que ce soit pourraient se rencontrer ».

Il est à remarquer que ce bureau, « inventé au bien et soulagement du peuple », faisait le *placement gratuit*, du moins pour l'une des parties. Le droit prélevé ne pouvait excéder « trois sous pour chacun, enregistrement ou extrait desdits registres et gratuitement pour les pauvres, et sans qu'aucun soit contraint de se servir desdits bureaux, tables et registres, si bon ne lui semble » (1).

Œuvre de bienfaisance, le bureau d'adresses de Théophraste Renaudot ne paraît pas lui avoir survécu.

L'utilité des bureaux de placement n'était d'ailleurs que limitée, nous l'avons dit plus haut ; l'organisation par corporations y suppléait, mais la suppression des maitrises et jurandes allait donner à la question du placement une importance inconnue jusqu'alors (2).

jusques à six de relevée, auxquelles heures chacun sera receu à y venir ou envoyer donner et rencontrer l'adresse qu'il désirera. »

« Ledit bureau d'adresse se tient près le Palais, rue La Calandre et au Marché Neuf, à l'enseigne du Coq. »

(1) Le Bureau devait être prévenu dans les vingt-quatre heures après la conclusion de l'affaire cherchée. « A la charge de ceux qui se seront faits enregistrer, seront tenus de venir faire décharger le registre dans vingt-quatre heures après qu'ils auront rencontré la chose pour laquelle ils s'estoient fait inscrire et à l'instant même qu'ils auront changé d'avis, en cas qu'ils en vinssent à changer, sous les peines auxquelles ils se soumettront lors dudit enregistrement, et ce, pour obvier à l'incommodité qui adviendrait en adressant les personnes aux lieux où elles ne trouveraient plus ceux qui se seroient inscrits : ce qui priverait les dits Bureaux de l'utilité que le public en attend : et pour laquelle descharge il ne sera rien payé. »

(2) Turgot avait fait rendre, en février 1776, un édit portant suppression des jurandes et communautés de commerce, arts et métiers. Après sa chute du ministère, un édit fut rendu, en août 1776, portant modification de l'édit de février 1776 sur la suppression des jurandes. Mais les principes de Turgot furent appliqués en partie dans les let-

Tant que l'industrie ne se transforma pas cependant, tant qu'elle resta répartie dans de petits ateliers, les mœurs firent peu apprécier le changement, et si, en droit les maîtrises n'existaient plus, en fait, l'industrie se gérait suivant les mêmes principes. Apprenti puis ouvrier dans le même atelier, chacun restait, comme jadis (1), subordonné à son maître. La population flottante restait seule exposée aux difficultés, aux risques du placement, et elle était peu nombreuse. Pour la sauvegarder, il n'était question que d'assistance : des ateliers de secours paraissaient suffisants (2).

Mais avec les progrès des moyens de transport la population agricole, attirée par l'appât de gains merveilleux que la légende et la réclame faisaient miroiter à ses yeux, émigra vers les villes. Ce phénomène coïncidant avec la disposition des petits ateliers et l'avènement de la grande industrie, le problème du placement se posa dangereux et angoissant.

Tous les ouvriers, les bons comme les mauvais, les sédentaires comme les nomades, étaient dorénavant expo-

tres patentes, en date du 5 mai 1779, contenant règlement sur les manufactures, et ils furent définitivement consacrés par le décret des 2 17 mars 1791 portant suppression de tous les droits d'aide, de toutes les maîtrises et jurandes, et établissement des patentes.

(1) Voir lettres patentes du 12 septembre 1781 pour entretenir la subordination parmi les ouvriers dans les pays manufacturiers, et loi du 22 germinal an XI (12 avril 1803) relative aux manufactures, fabriques, ateliers.

(2) Décret des 30 mai et 13 juin 1790, relatif aux mendiants et à l'ouverture d'ateliers de secours. — Comp. proposition de Malouet à la Constituante le 3 août 1789. Acte constitutionnel du 24 juin 1793. Déclaration des Droits de l'homme et du citoyen : art. 21 : — Les secours publics sont une dette sacrée. La société doit la subsistance aux citoyens malheureux, soit en leur procurant du travail, soit en assurant les moyens d'exister à ceux qui sont hors d'état de travailler.

sés au chômage dérivant de la transformation de l'industrie et du bouleversement apporté dans les métiers, les usages, les catégories de professions, ils n'avaient aucune organisation qui put leur permettre d'observer, de prévenir, d'empêcher, par des mesures concertées dans l'intérêt commun, la rigueur imprévue des conditions économiques.

Toute l'organisation industrielle consistait dans un enregistrement sur les registres de la police (1). La surveillance de la police avait remplacé la sollicitude peut-être exagérée, il est vrai, des corporations pour la défense et l'organisation de leurs intérêts (2). Afin de rendre inviolable la liberté individuelle qui venait d'être conquise, le droit d'association, même pour discuter et défendre les intérêts professionnels, était prohibé (3), et la coalition aussi bien des patrons que des ouvriers était réprimée sévèrement (4).

Il faut reconnaître cependant que le soin de rechercher

---

(1) Le principe de cet enregistrement se trouve dans l'édit de février 1776 ; il a été généralisé dans les lettres patentes du 8 et 12 septembre 1781. — Voir le décret des 19-22 juillet 1791 relatif à l'organisation d'une police municipale et correctionnelle.

(2) V. circulaire du ministre de l'intérieur, datée du 3ᵉ jour complémentaire de l'an III : « Les ouvriers forment une classe d'hommes qui, par leur obscurité, par leur peu de moyens pécuniaires, par la facilité qu'ils ont de passer rapidement avec tout leur bagage d'un lieu à un autre, échappent souvent à la vigilance du magistrat. Tout ce qui tend à éclairer la police sur leur conduite, sur leurs démarches, à lui donner plus de prise et d'action sur eux, offre des avantages pour le maintien de la sûreté et de la tranquillité publiques. »

(3) Décret des 14-17 juin 1791 relatif aux assemblées d'ouvriers et d'artisans de même état et profession.

(4) Loi du 22 germinal an XI (12 avril 1803), relative aux manufactures, fabriques, ateliers.

les améliorations à apporter dans l'organisation industrielle avait été confié par le législateur de l'an XI aux
chambres consultatives de manufactures, fabriques, arts
et métiers (1). Mais ces chambres consultatives, comme

(1) Regnault de St-Jean d'Angély, dans son exposé des motifs du
projet de loi relative aux manufactures, fabriques, ateliers (22 germinal an XI) indique ainsi cette idée :

« Pour soumettre à une police plus exacte l'exercice des professions
industrielles, on pouvait, en écartant les abus, en ne laissant aucune
entrave à la liberté, proposer de réformer en communauté les individus
de chaque profession, et les soumettre à des règlements.

« Sans classer tous les individus de chaque état, on pouvait exiger,
comme en 1776, leur enregistrement à la police et leur agrégation par
quartiers, les réunissant ainsi suivant le lieu de leur domicile, au lieu
de les réunir selon la nature de leurs travaux.

« On pouvait créer des syndics pour enregistrer : 1° ceux qui emploient des ouvriers ; 2° ces ouvriers eux-mêmes, et prendre ainsi des
instruments utiles de la police publique parmi les hommes mêmes qu'on
aurait voulu y assujettir d'une manière spéciale.

« On pouvait borner l'un ou l'autre de ces régimes aux grandes cités,
où le nombre considérable d'ouvriers rend l'action de l'administration
plus nécessaire.

« Toutes ces idées, et bien d'autres encore, ont été discutées par le
gouvernement ; aucune n'a paru atteindre sûrement au but qu'il se propose ; toutes ont laissé des incertitudes, et leur adoption pouvait, dès
lors, résultat d'une erreur, devenir une source de regrets.

« Il faut donc attendre des conseils des négociants, des marchands
eux-mêmes et d'une mûre réflexion, les moyens de décider ce qui peut
favoriser le commerce ; et c'est pour cela que le gouvernement vous
propose d'autoriser la formation de chambres consultatives de manufactures, fabriques, arts et métiers.

« Tel est le système de la loi que je vous présente : il est contenu
dans le premier titre.

« Les autres dispositions sont : 1° des dispositions répressives des
abus que j'ai indiqués, et dont vous avez gémi ; elles sont contenues
dans le second titre, et commandent également la justice aux manufacturiers et aux ouvriers.

« 2° Des dispositions protectrices des stipulations relatives à l'apprentissage, des engagements entre les ouvriers et ceux qui les emploient,

les chambres de commerce, composées de négociants et
d'industriels dont l'unique soin était celui de leur intérêt
personnel et de leur autorité, ne se préoccupèrent même
pas d'examiner si la répartition des forces actives était faite
de manière à favoriser la prospérité de l'industrie.

Le recrutement des forces productives et leur répartition suivant les aptitudes restèrent exposées aux hasards
des rencontres sur les places de grève ; leur emploi fut
subordonné aux spéculations des industriels ou courtiers
de placement.

Quelques bureaux de placement furent créés à Paris en
vertu de l'ordonnance du 20 pluviôse an XII (1) ; et, sous
l'Empire, ils furent strictement surveillés. Mais la Restau-
ration n'eut aucune sollicitude pour les sans-travail : le
6 février 1823, le préfet de police décida que les agences
de placement étaient libres et qu'il n'y avait pas lieu de
nommer de nouveaux préposés (2).

Les ouvriers, désarmés dans leur isolement, privés de
toute organisation, et soumis à l'arbitraire de la police,
se trouvèrent à la merci de l'exploitation des placeurs :
« Ces industriels de bas étage cherchaient par dessus tout
à rançonner les ouvriers qui leur tombaient sous la main
et, loin de régulariser la concurrence et de prévenir l'a-

garantissent les ateliers de la désertion, les contrats de la violation. la
propriété des capitaux et la propriété du travail de toute atteinte. »

(1) Ordonnance du 20 pluviôse an XII (10 février 1804). Il sera établi à Paris des bureaux de placement pour les classes d'ouvriers à l'é-
gard desquels ils seront jugés nécessaires.

(2) Cette décision était applicable à tous les corps de métiers, à l'exception de la boulangerie qui était placée sous un régime spécial. Une
circulaire aux commissaires de police confirma le 21 octobre 1823 et
commenta l'ordonnance du 6 février. Les bureaux de placement pour
garçons boulangers ne furent rendus libres que le 18 septembre 1830.

vilissement des salaires, ils aggravaient, par des manœuvres d'escroquerie, le sort de leurs crédules clients. » Des
plaintes indignées éclatèrent en 1828, en 1832, en 1833,
en 1844. Le préfet de police, en 1828, dut, par une circulaire, appeler l'attention des commissaires de police sur
les agissements frauduleux des placeurs. Il convient, disait-il, de veiller sur les abus commis et de réfréner les
escroqueries (1).

Dès cette époque, le placeur devient l'instrument de
l'asservissement économique de l'ouvrier, mais cet asservissement est la conséquence d'un ensemble de faits et
d'une inégalité dans la législation, tels qu'on a pu dire,
avec raison, que la situation des ouvriers dans la première
moitié du xix° siècle a été la plus misérable condition qui
ait existé dans l'histoire.

La Constitution de 1848 proclama l'égalité des rapports
entre le patron et l'ouvrier, la nécessité de favoriser le
développement de travail par les associations volontaires (2).

(1) Voir rapport de M. Arnauld Dubois.
(2) Constitution de 1848. Préambule VIII: — La République doit proté-
ger le citoyen dans sa personne, son travail ; elle doit, par une assistance
fraternelle, assurer l'existence des citoyens nécessiteux, soit en leur
procurant du travail dans les limites de ses ressources, soit en donnant,
à défaut de la famille, des secours à ceux qui sont hors d'état de travailler. — Droits des citoyens reconnus par la Constitution, art. 13 :
— La Constitution garantit aux citoyens la liberté du travail et de
l'industrie.

La société favorise et encourage le développement du travail par l'enseignement primaire gratuit, l'éducation professionnelle, l'égalité de
rapports entre le patron et l'ouvrier, les institutions de prévoyance et
de crédit, les institutions agricoles, les associations volontaires, et l'établissement par l'État, les départements et les communes, de travaux
publics propres à employer les bras inoccupés, elle fournit l'assistance

Avant même que la Constitution ait proclamé ces principes, le gouvernement provisoire de 1848 avait décrété l'établissement de bureaux gratuits de placement dans toutes les mairies de Paris, et le préfet de police ordonnait la suppression des bureaux payants.

Il est vrai qu'un juge de paix, au nom de la liberté de l'industrie, contestait la légalité de l'arrêté portant suppression des bureaux payants, mais il faut bien reconnaître que, si les partisans des placeurs ont grandement tiré parti de ce jugement de justice de paix, le gouvernement de 1852 ne s'en montra pas fort troublé. Il n'hésita pas à supprimer tous les bureaux qui, à la suite d'une appréciation purement arbitraire de sa part, ne lui paraissaient pas réaliser les conditions exigées par le décret de réglementation qu'il promulgua le 25 mars 1852.

Cette réglementation soumettait les placeurs à une autorisation révocable, et elle tarifait leur industrie : elle aurait pu peut-être, par une application rigoureuse, empêcher l'exploitation de l'ouvrier au point de vue du courtage de placement ; elle était insuffisante pour assurer la sécurité des travailleurs contre le chômage.

Les abus des placeurs ont provoqué des attaques violentes contre cette réglementation ; en réalité, ces attaques ne sont que des incidents dans la question plus générale de l'évolution du placement.

Nous allons exposer les modifications successives apportées à la réglementation de 1852 par l'organisation des syndicats professionnels, des Bourses du travail, des bureaux municipaux, des sociétés de secours mutuels ; cet exposé nous montrera l'évolution de toutes les institutions

aux enfants abandonnés, aux infirmes et aux vieillards sans ressources, et que leurs familles ne peuvent secourir.

de placement vers l'association professionnelle et la gratuité.

Nous diviserons nos explications en deux paragraphes, dont l'un aura pour titre : Placement payant, et l'autre · Placement gratuit (1); nous indiquerons ensuite les tendances des institutions de placement à l'étranger et en France avant 1904.

§ 2. — Placement payant.

Jusqu'à la loi du 14 mars 1904, les bureaux de placement ont été uniquement régis par le décret du 25 mars 1852.

Ce décret décidait qu'à l'avenir nul ne pourrait tenir un bureau de placement, sous quelque titre et pour quelques professions, places ou emplois que ce soit, sans une permission spéciale délivrée par l'autorité municipale, et qui ne pourrait être accordée qu'à des personnes d'une moralité reconnue. Les possesseurs de bureaux de placement au 25 mars 1852 avaient un délai de trois mois à partir de cette date pour se pourvoir de ladite permission (art. 1 du décret).

La demande à l'effet d'obtenir la permission devait con-

(1) Le placement est dit payant ou gratuit suivant que les institutions, qui ont pour but d'opérer le rapprochement entre les travailleurs qui demandent du travail et les employeurs qui en offrent, font de cette mise en rapport, de ce rapprochement et du contrat de travail qui en résulte, une source de bénéfices, une industrie distincte, ou bien font le placement sans rémunération spéciale.

Le placement payant est pratiqué par les bureaux de placement payants.

Les bureaux créés par les municipalités, par les syndicats professionnels ouvriers, patronaux ou mixtes, les Bourses de travail, les compagnonnages, les sociétés de secours mutuels, les associations charitables et sociétés de bienfaisance, etc.. pour faire le placement sans rémuné-ration spéciale, sont groupés dans la catégorie des bureaux gratuits.

tenir les conditions auxquelles le requérant se proposait
d'exercer son industrie. Celui-ci était tenu de se conformer à ces conditions et aux dispositions réglementaires
qui seraient prises par l'autorité municipale (art. 2). L'autorité municipale (1) avait la surveillance des bureaux de
placement pour y assurer le maintien de l'ordre et de la
loyauté de la gestion ; elle devait prendre les arrêtés nécessaires à cet effet et avait le pouvoir de régler le tarif
des droits qui pourraient être perçus par le gérant (art. 3).

Le décret du 25 mars 1852 édictait des peines de simple
police (amende de 1 à 15 fr. et emprisonnement de cinq
jours au plus, ou l'une de ces peines seulement) contre
toute contravention à l'article 1er dont nous avons donné
le texte ci-dessus, contre toute inexécution des conditions
indiquées dans la demande d'autorisation ou violation des
règlements municipaux (art. 4). Le maximum des deux
peines devait être toujours appliqué au contrevenant,
lorsqu'il aurait été prononcé contre lui, dans les douze
mois précédents, une première condamnation pour contravention au décret du 25 mars 1852 ou aux règlements
de police pris par l'autorité municipale en vertu de ce
décret. Ces peines étaient indépendantes des restitutions
et dommages-intérêts auxquels pourraient donner lieu les
faits imputables au gérant. L'article 463 du Code pénal,
qui permet d'accorder des circonstances atténuantes. était
déclaré applicable aux contraventions indiquées ci-dessus
(art. 4 du décret).

(1) Les pouvoirs conférés à l'autorité municipale devaient être exercés par le préfet de police pour Paris et le ressort de sa préfecture, et
par le préfet du Rhône pour Lyon et les autres communes dans lesquelles il remplissait les fonctions qui lui étaient attribuées par la loi
du 24 juin 1851 (art. 6).

La permission de tenir un bureau de placement pouvait être retirée par l'autorité municipale aux individus qui auraient encouru ou viendraient à encourir une des condamnations prévues par l'article 15, §§ 1, 3, 4, 5, 6, 14 et 15, et par l'article 16 du décret du 2 février 1852, à la suite de laquelle ils ne devaient plus être inscrits sur les listes électorales ; elle pouvait encore être retirée aux individus qui auraient été ou qui seraient condamnés pour coalition, et à ceux qui seraient condamnés à l'emprisonnement pour contravention au décret du 25 mars 1852 ou aux arrêtés pris en vertu de ce décret (art. 5).

Les retraits de permission et les règlements émanés de l'autorité municipale, en vertu des dispositions du décret du 25 mars 1852, n'étaient exécutoires qu'après l'approbation du préfet (art. 7 du décret).

A Paris, le préfet de police rendit, le 5 octobre 1852, une ordonnance qui règle, avec précision, pour les placeurs et les placés, les conditions et obligations réciproques. Les placeurs sont soumis à de très étroites obligations ; ils doivent délivrer gratuitement un bulletin avec numéro d'ordre, indiquer par affiches les conditions du tarif. Le droit n'est dû qu'après le placement, et, s'ils sont autorisés à percevoir des avances, ils doivent en donner reçu et les rembourser au cas de non-placement. Toute connivence et toute manœuvre frauduleuse tenant à faire croire à un placement qui n'existe pas sont interdites (1).

Cette ordonnance fut suivie d'une circulaire en date du 8 octobre 1852 adressée aux commissaires de police de Paris et aux maires et commissaires de police des commu-

____

(1) Ordonnance du 5 octobre 1852 concernant les bureaux de placement, rendue par M. Pietri, préfet de police.

nes du ressort (1), dans laquelle M. Pietri, préfet de police, insiste pour faire connaître que l'organisation adoptée dans le décret du 25 mars 1852 n'a été admise que dans l'intérêt de la classe ouvrière, le seul qui préoccupât le gouvernement, ainsi que la commission qui avait été chargée de réorganiser le placement (2).

Cette commission s'était livrée à une enquête minutieuse, avait consulté les usages établis, recueilli les observations du commerce comme celles des ouvriers et étudié attentivement les précédents. Au moyen de ces investigations, elle était arrivée à reconnaître que, dans un grand nombre d'industries, il n'existe point de bureaux, que les moyens et les modes de placement sont infinis, et que toute atteinte portée à la liberté des ouvriers sous ce rapport serait funeste à leurs intérêts.

Elle avait reconnu aussi que toute institution de placement qui consisterait seulement en écritures ou en travail de bureau serait inefficace. Le placeur doit, au contraire, être un véritable courtier, toujours à la recherche des places vacantes et capable d'assortir les spécialités d'ouvriers aux spécialités d'emplois.

« Or, disait le préfet de police dans sa circulaire, ces

(1) *Appendice à la collection officielle des ordonnances de police*, 1ʳᵉ partie, p. 580.

(2) « Deux systèmes de réglementation, dit M. Pietri dans sa circulaire, étaient en présence : le monopole et la liberté de l'industrie.

« Le premier, supposant une organisation officielle et pour chaque nature d'industrie un bureau unique dont le titulaire serait un agent direct ou indirect de l'administration, système entraînant pour conséquence:

1° L'interdiction de tout autre mode de placement ;

2° Le placement des postulants par ordre d'inscription.

« Le second, admettant la concurrence et la liberté des transactions et laissant aux ouvriers une latitude entière pour se placer par connaissance ou de toute autre manière en dehors des bureaux. »

conditions fondamentales ont paru et sont en effet absolument incompatibles avec des bureaux officiels tenus par des agents salariés se bornant à remplir des registres d'inscription. Leur première règle serait nécessairement de placer les postulants dans l'ordre des inscriptions, sans pouvoir tenir aucun compte de leur aptitude. Ou bien, si ces agents officiels avaient la liberté de choisir parmi les ouvriers inscrits ceux qui devraient être placés de préférence, les postulants se trouveraient soumis au caprice, peut-être à la cupidité, et tout au moins à l'arbitraire des bureaux, sans avoir aucun moyen de s'y soustraire, en l'absence de toute autre voie de placement.

« Ce système a d'ailleurs été expérimenté et a toujours amené à des résultats déplorables ; lorsqu'il a été exclusif, il a opprimé les ouvriers, lorsqu'au contraire il s'est trouvé en concurrence avec l'industrie libre, il n'a jamais pu se maintenir.

« C'est donc le principe du droit commun, celui de la liberté de l'industrie qui a prévalu dans le décret du 25 mars (1), sous la réserve d'une surveillance sérieuse et du contrôle permanent de l'autorité publique. Mais veuillez bien retenir, Messieurs, et faire connaître autour de vous, que cette disposition n'a été admise que dans l'intérêt de la classe ouvrière, le seul qui préoccupât ici le gouvernement et la commission. »

En réalité, la commission avait voulu surtout assurer la liberté individuelle des ouvriers, et aussi les préserver des abus du placement libre qui avaient soulevé de très vives réclamations. Mais, comme elle ne voulait pas que les ouvriers puissent rendre l'administration responsable

(1) *Appendice de la collection officielle des ordonnances de police,* 1re partie, p. 580.

du chômage qui résulte du non-placement pour des causes tout à fait indépendantes souvent de la volonté des placeurs (1), elle décida que le placement ne serait pas fait par des bureaux officiels, mais effectué, sous la surveillance de l'autorité, par des particuliers agréés à cet effet par l'autorité elle-même.

Ainsi que l'a fait remarquer M. Arnault Dubois (2), à la Chambre des députés, « le décret mettait le placement dans la main du pouvoir et, sous un contrôle effectif, le fonctionnement eût pu donner d'utiles résultat. Mais, dans la pratique, toutes les dispositions favorables à l'ouvrier ont été méconnues, et méconnues aussi toutes les dispositions restrictives de l'arbitraire et de la fantaisie du placeur. L'instrument a, dès le principe, été faussé. Et si l'on avait pu dire, à ne considérer que la lettre, que le décret était tout à l'avantage de l'ouvrier et tout au désavantage du placeur, cette affirmation a été bien vite démentie par les faits ».

La surveillance n'a pas été suffisante, et des abus scandaleux ont à plusieurs reprises soulevé de très vives réclamations qui ont agité la classe ouvrière et ému l'opinion publique.

Ces abus, dont l'énumération se retrouve dans tous les rapports de la Chambre des députés et du Sénat (3), doi-

(1) Le souvenir des ateliers nationaux était encore présent à tous les esprits.

(2) Rapport du 30 janvier 1890, n° 310, et rapport du 9 avril 1892, n° 2067.

(3) Voir notamment rapport de M. Arnault Dubois à la Chambre des députés, 9 avril 1892, n° 2067 ; rapport de M. Lourties au Sénat, 10 décembre 1897, n° 68 ; rapports de M. Georges Berry, à la Chambre des députés, 13 décembre 1895, n° 1677 ; 15 décembre 1899, n° 1289 ; rapport de M. Chambon à la Chambre des députés, 20 octobre 1903, n° 1248 ; rapport de M. Aucoin au Sénat, 21 décembre 1903, n° 344.

vent être signalés parce qu'ils permettent de se rendre compte des défauts que présentait le placement avant 1904.

Le premier est l'abus que font les placeurs de la faculté qui leur a été attribuée par la législation de 1852 de percevoir une avance pécuniaire (le droit de placement n'étant régulièrement exigible qu'après un placement effectif de huit jours),et qui refusent cependant de restituer 'l'avance à l'ouvrier qui n'a pas obtenu l'emploi demandé.

L'ouvrier a ainsi payé, et il n'est pas placé (1).

Mais il y a plus : le travail, dès qu'il se vend, se donne au plus offrant et dernier enchérisseur (1). Les placeurs mettent aux enchères les meilleures places, ils réservent les premières places non à ceux qui ont été inscrits les premiers, et qui sont peut-être les plus dignes et les plus malheureux, mais à ceux qui peuvent en cachette verser une prime supplémentaire.

Prime sur le travail, mise du travail aux enchères, ce n'est pas suffisant. Celui qui n'est en réalité qu'un marchand travaillant, non dans l'intérêt des placés, mais dans son intérêt propre, cherche par tous les moyens possibles à attirer à Paris la main-d'œuvre, se rendant fort bien compte que plus il y aura d'offres sur la place, et plus il lui sera facile de majorer le taux de sa rémunération. Pour gagner de l'argent, il faut au placeur de la marchandise, c'est-à-dire de la main-d'œuvre. De là cet entretien factice de chômage par l'appel à Paris d'ouvriers en nombre supérieur aux besoins du travail.

Les placeurs sont encore accusés de s'entendre avec des patrons ou des gérants pour provoquer le renvoi des ou-

----

(1) Les placeurs favorisent le vagabondage en chassant ceux qui ne peuvent verser la provision exigée. — Rapport de M. Chambon à la Chambre des députés, n° 1289.

vriers ou employés dès que ceux-ci ont acquitté le droit de placement et de se partager la prime à laquelle donne droit un nouveau placement.

L'annonce d'un emploi qui n'existe pas ou qui a déjà été procuré, accompagnée d'une remise de fonds, est encore un abus qu'on a fréquemment reproché aux placeurs.

On leur reprochait encore de gérer en même temps des agences d'achat et vente de fonds de commerce, et par suite de favoriser les employés qui étaient susceptibles de leur acheter plus tard un fonds.

Parfois le bureau de placement était adjoint à un hôtel ou à une boutique de marchand de vins ; l'employé n'était jamais placé avant d'avoir laissé toutes ses économies dans un de ces établissements.

Les placeurs commanditaient parfois, ou mariaient des patrons afin de les mieux tenir et de partager avec eux les droits de placements fréquemment renouvelés.

Des placeurs étaient aussi accusés de se faire les pourvoyeurs de maisons de tolérance, d'envoyer parfois des mineurs dans des maisons ou chez des individus mal famés.

Tous ces abus avaient été constatés, ils ne pouvaient être niés. Mais la chambre syndicale des placeurs en a contesté la généralité, elle en a rejeté la responsabilité sur les bureaux clandestins et sur un petit nombre de placeurs qui d'ailleurs avaient été poursuivis, condamnés et déclarés déchus de leurs bureaux.

Il est bien évident en effet que, parmi les placeurs, se trouvent de très braves gens qui font leur métier très honnêtement et se contentent de percevoir les redevances licites fixées par le décret de 1852 ; la confiance que leur gestion régulière a inspirée leur a fait acquérir une clientèle qui leur assure des bénéfices suffisants.

Mais ces abus étaient si fréquents, et il faut le reconnaître si difficiles à éviter, qu'ils soulevèrent l'indignation générale, et que la suppression des bureaux de placement payants, ou tout au moins l'abrogation du décret du 25 mars 1852, furent demandés avec insistance (1), parfois même avec violence (2).

Il y avait, au point de vue de l'équité et des principes d'égalité, un argument meilleur pour demander la suppression des bureaux de placement payants, ces agences en effet coûtaient aux seuls ouvriers de Paris plus de sept millions pris uniquement sur les salaires (3) ; ce prélèvement sur des salaires nécessaires ne devait pas se produire

(1) De 1882 à 1897, dix propositions de loi ont été présentées à la Chambre des députés dans ce but.

(2) De véritables émeutes dirigées contre les bureaux de placement ont eu lieu à Paris, notamment en 1882, en 1887, en 1898, en 1900, en 1903.

(3) V. rapport de M. Georges Berry à la Chambre des députés, 15 décembre 1899, n° 1289, p. 3 : « Un des défenseurs des bureaux de placement disait à la tribune de la Chambre, dans la dernière législature, que les bureaux donnaient par an, à Paris, 450.000 places fixes et 350.000 extras, or on peut calculer que les places fixes leur rapportent chacune 15 francs, soit 6.750.000 francs, auxquels il faut ajouter 350.000 extras à 50 centimes, soit 175.000 francs, c'est-à-dire en tout 6.915.000 francs, sans compter les places où le travailleur ne reste que huit jours, et pour lesquelles la préfecture de police autorise un prélèvement de 25 centimes. Ces agences coûtent donc aux seuls ouvriers de Paris plus de sept millions qui sont pris uniquement sur les salaires. »

Il est bon de rapprocher de cette statistique ce que disait M. Chauvin à la Chambre des députés dans la séance du 26 février 1897 : « Nous ne craignons pas d'avancer que si le nombre des ouvriers placés annuellement par les bureaux s'élevait à 450.000, cela pourrait atténuer la mauvaise impression que nous font éprouver ces agences interlopes ; mais nous avons la certitude que ce nombre n'est pas exact, parce qu'il se trouve des personnes placées cinq, six, huit, dix et jusqu'à douze fois, par suite des agissements frauduleux que nos prédécesseurs ont signalés en 1893 ! »

dans un pays démocratique, où l'on s'efforce d'améliorer les conditions sociales des classes laborieuses.

Néanmoins ce sont les abus que nous avons signalés qui ont toujours été mis en avant pour affirmer que les bureaux payants ne pouvaient être maintenus, et que le décret du 25 mars 1852 devait être abrogé.

Pour éviter leur suppression, les tenanciers des bureaux de placement payants firent alors soutenir, dans la presse et au Parlement, que l'industrie du placement était exercée en vertu de la loi du 17 mars 1791 proclamant la liberté de l'industrie ; par conséquent que leurs bureaux constituaient une propriété dont ils ne pouvaient être dépossédés que, suivant le droit commun, moyennant une juste et préalable indemnité. Cette prétention fut vivement contestée et, en présence du décret de 1852, elle paraît peu justifiée.

Cette divergence d'opinion allait cependant retarder pendant plus de dix ans toute réforme en cette matière.

Bien que la controverse ait été tranchée, ainsi que nous le verrons, par la loi de 1904, il nous paraît utile de rappeler ici brièvement les arguments donnés de part et d'autre.

M. Julien Goujon, qui se fit à la Chambre des députés l'avocat des bureaux de placement payants, soutint que l'industrie des placeurs était protégée et garantie par l'article 7 de la loi du 17 mars 1791 (1), en vertu duquel il est libre à toute personne de faire tel négoce ou d'exercer telle profession, art et métier, qu'elle trouve bon. Il invoquait, comme jurisprudence, un jugement du tribunal de simple police de Paris rendu le 1er février 1849, qui avait refusé

(1) Décret portant suppression de tous les droits d'aides, de toutes les maîtrises et jurandes, et établissement des patentes. 2-17 mars 1791.

d'appliquer comme illégal un arrêté du préfet de police du 28 mars 1848 supprimant purement et simplement les bureaux de placement. Le décret de 1852, en soumettant les bureaux à l'autorisation de l'autorité municipale, n'avait pu modifier la nature du droit des placeurs. M. Prévet, qui se fit au Sénat l'avocat des bureaux payants, ajoutait que les titulaires actuels étaient des cessionnaires qui avaient payé leur fonds avec l'autorisation de l'autorité, et qu'il n'était pas équitable de priver ainsi les placeurs d'un droit qu'ils avaient acquis à titre onéreux en présence et avec le consentement de l'administration.

Les adversaires de cette opinion soutenaient que le décret de 1852 avait édicté la suppression sans indemnité de tous les bureaux dont les titulaires n'avaient pas, dans les trois mois, demandé l'autorisation ; que ce décret n'avait pu concéder un droit de propriété aux placeurs puisque l'administration est libre de refuser ou non l'autorisation qui le crée, puisqu'elle en règle les conditions d'existence, qu'elle peut en refuser la transmission (1), qu'elle peut retirer l'autorisation si le placeur ne se conforme pas aux conditions prescrites. Le décret de 1852 a été rendu pour mettre le salaire de l'ouvrier à l'abri de l'exploitation des placeurs. La commission chargée de l'enquête avait cherché à faire un service public du placement, et elle avait hésité dans la crainte des récriminations que suscitent les crises du travail, mais, en remettant à des particuliers le

---

(1) En 1891, le conseil municipal, ému des abus du placement payant, avait rendu, dans sa séance du 26 juin, la délibération suivante : « En attendant la suppression des bureaux de placement, la Préfecture de Police est invitée à n'autoriser d'aucune sorte la transmission de la propriété d'une agence. » Mais l'exécution de cette délibération ne fut pas assurée.

soin de faire le placement avec l'autorisation et sous le
contrôle, sous la surveillance de l'autorité municipale,
elle avait bien montré que le courtage du placement n'était
pas libre, et que l'exercice de ce courtage ne pouvait être
l'objet que d'une concession précaire, toujours révocable.

Quoi qu'il en soit de cette controverse, le placement
payant ne pouvait donc être exercé en France que par des
bureaux autorisés par l'autorité municipale dans les conditions prescrites par le décret du 25 mars 1852.

De nombreux bureaux s'étaient constitués sans autorisations, profitant du défaut de surveillance de l'administration, ils constituaient ce qu'on appelle des bureaux
clandestins, et ils pouvaient évidemment, ils devaient
même être supprimés sans formalités par l'autorité municipale et poursuivis devant le tribunal de simple police par
application de l'article 4 du décret du 25 mars 1852. Le
monopole du placement payant appartenait aux bureaux
autorisés seuls.

§ 3. — Placement gratuit.

Nous avons dit que les bureaux gratuits étaient ceux qui
faisaient le placement sans rémunération spéciale ; parfois les personnes qui sont ainsi placées paient une cotisation pour faire partie de la société fondatrice du bureau,
mais le placement n'en est pas moins gratuit parce que le
bureau ne réclame pas pour ce placement une indemnité
particulière. Nous allons passer en revue les différentes
institutions qui font ainsi du placement gratuit.

A. — *Bureaux municipaux.*

Le Gouvernement provisoire de 1848 avait décrété le
8 mars :

« 1° Il sera établi dans chaque mairie de Paris un bureau gratuit de renseignements ;

« 2° Ces bureaux dresseront les tableaux statistiques de l'offre et de la demande de travail ; ils faciliteront et régulariseront les rapports entre les personnes qui cherchent un emploi ou du travail, d'une part, et celles qui demandent des employés ou des travailleurs, de l'autre ;

« 3° A cet effet, il sera tenu deux registres : sur le premier, on inscrira, par catégorie de professions, toutes les demandes d'emploi, le nom et l'adresse des demandeurs ; sur le second, le nom et l'adresse de tous ceux qui ont besoin d'employés, en ayant soin de mentionner le salaire offert et les conditions exigées ;

« 4° Les registres seront communiqués à tout citoyen qui voudra les consulter ;

« 5° Un règlement d'administration publique déterminera l'organisation de ces bureaux gratuits de renseignements. »

Si ce décret avait été appliqué, le placement gratuit aurait certainement fait à Paris, et en France, des progrès considérables, et le décret de 1852, en réglementant le placement payant, aurait permis au placement gratuit une concurrence avantageuse pour la classe ouvrière.

Malheureusement ce décret de 1848 resta lettre morte, et ce n'est qu'en 1887 qu'à Paris, au XVIIIe arrondissement, fut créé le premier bureau municipal par les soins de la municipalité aidée des membres du bureau de bienfaisance.

En 1888, le conseil municipal de Paris invita le préfet de la Seine à appeler l'attention des maires sur l'institution due à l'initiative des membres du bureau de bienfaisance du XVIIIe arrondissement, et à les prier de rechercher s'il ne serait pas possible, en faisant appel au concours des habitants de chaque arrondissemer t, de créer des bureaux de placement semblables.

Le préfet de la Seine envoya une circulaire le 7 juillet 1888, à laquelle aucun arrondissement ne répondit. Une deuxième circulaire envoyée le 15 septembre 1888 détermina la création de bureaux dans le XV⁰ arrondissement (15 octobre), dans le I⁰ʳ (30 octobre), dans le III⁰ (15 novembre) ; puis successivement en 1889, dans le VI⁰, le IV⁰ le V⁰, le XIV⁰, en 1890, dans le XVII⁰, en 1891, dans le II⁰ et le XIII⁰. Tous les arrondissements, sauf le VII⁰, le VIII⁰, le XI⁰ et le XVI⁰, ont actuellement un bureau municipal gratuit.

Avant Paris, Levallois-Perret, commune de la banlieue de Paris, avait constitué en 1882 un bureau municipal de placement gratuit.

A Lille, en 1883, un bureau de renseignements spécialement affecté à l'offre et à la demande de travail avait été créé par l'autorité municipale et le conseil des prud'hommes.

Depuis cette époque, de nombreuses villes ont créé des bureaux municipaux de placement gratuit, ou tout au moins ouvert à la mairie des registres sur lesquels les habitants peuvent faire inscrire les offres et demandes d'emplois.

L'organisation de ces bureaux, leur fonctionnement et les ressources dont ils disposent varient nécessairement avec chaque municipalité et aussi avec les concours auxquels la municipalité a fait appel pour la création du bureau. Le bureau du XVIII⁰ arrondissement a été créé avec l'appui des administrateurs du bureau de bienfaisance, d'autres ont été créés avec le concours de sociétés philanthropiques, quelques-uns avec le concours de la caisse des écoles.

M. Baranton a fait à ce sujet un rapport très complet, à la suite duquel, le 18 décembre 1903, le conseil municipal de Paris adoptait le projet de délibération suivant :

« Le conseil,

« Après avoir pris connaissance des différents rapports et statistiques fournis par les bureaux municipaux de placement gratuit, dans le but d'obtenir leur subvention annuelle, et avoir constaté l'énorme divergence qui existe dans la façon de les établir ;

« Considérant que les écarts considérables dans les chiffres de placement effectués, non seulement entre chaque bureau, mais quelquefois pour un même bureau, d'un trimestre à l'autre, proviennent d'une fausse interprétation de la façon de compter les placements ;

« Que ces errements faussent les résultats numériques des statistiques, ce qui rend pour le conseil une répartition équitable absolument impossible ;

« Considérant en outre que, pour tous les travaux techniques, l'intermédiaire du placeur n'est pas nécessaire, mais qu'au contraire elle ne saurait être qu'une perte de temps très préjudiciable occasionnée aux chômeurs et aux employeurs, et cela sans aucun motif sérieux ; que l'office du placeur doit se borner dans ce cas à mettre, sans aucun retard, la demande en présence de l'offre ;

« Après avoir étudié sur place le fonctionnement de chacun des bureaux municipaux et établi d'une façon bien précise que l'anarchie qui règne dans ce service, qui devrait rendre de grands services à la classe laborieuse, provient d'un manque d'unité dans la direction ;

« Sur le rapport présenté par M. Baranton, au nom de la commission de subvention aux bureaux municipaux de placement gratuit (1),

« Délibère :

« ART. 1er. — A l'avenir les offres de travail ou d'emploi concernant les corps de métiers bien définis (ouvriers, ouvrières, apprentis, apprenties) seront l'objet d'un affichage journalier dans les cadres municipaux ; ces affiches porteront, avec la nature du travail offert, l'adresse de la personne qui offre le travail.

« ART. 2. — Le chiffre de ces offres d'emploi figurera dorénavant sur les statistiques, par unité d'ordre et par catégorie de professions et de sexes, conformément au modèle D, annexé au rapport de ce jour, de telle sorte que les placements qui seront portés sur la statistique des placements à demeure ne représentent plus que des opérations faites réellement par l'intermédiaire du placeur concurremment avec les bureaux privés et pour lesquelles opérations une commission eût été perçue par ces derniers.

« ART. 3. — M. le préfet est invité à donner les ordres nécessaires pour que la présente délibération, dont le but est d'unifier le service de placement gratuit, reçoive prompte exécution dans tous les bureaux municipaux de Paris. »

A cette délibération, le conseil municipal ajouta la suivante, présentée par M. Pannelier :

« Le conseil,

« Délibère :

(1) Rapport au nom de la commission de surveillance des bureaux de placement sur la réglementation des opérations effectuées par les bureaux municipaux de placement gratuit, présenté au conseil municipal de Paris par M. Paul Baranton, conseiller municipal. 1903, n° 68.

« Les bureaux de placement municipaux se communiqueront tous les jours les demandes et offres d'emplois qui leur sont faites. »

Au moment du vote de la loi qui nous intéresse, par la Chambre des députés, le 11 mars 1904, le conseil municipal de Paris fut saisi par M. Baranton d'une proposition relative aux précautions à prendre pour le cas où la loi du 14 mars 1904 aurait pour effet d'augmenter la clientèle des bureaux municipaux de placement gratuit (1).

M. Baranton fit remarquer d'abord que les 7e, 8e, 11e et 16e arrondissements n'étaient pas encore pourvus de bureaux de placement gratuit, et qu'il y aurait lieu de demander l'intervention du préfet auprès des maires de ces arrondissements pour les décider à créer dans leurs mairies des œuvres de placement.

Il rappela que la subvention annuelle était représentée par une somme de 35.000 francs, et qu'à la suite des réformes qui venaient d'être prescrites et pour répondre à un grand nombre de demandes de maires de Paris, il y aurait peut-être lieu de demander l'inscription au budget prochain d'une somme de 45.000 francs, en augmentation de 10.000 francs sur celles des budgets précédents.

M. Baranton proposait en conséquence de renvoyer à l'administration le projet de délibération suivant :

« Le conseil,

« Considérant que la disparition des bureaux de placement payants est appelée à donner une importance beaucoup plus considérable aux bureaux municipaux de placement gratuit existants ;

« Considérant en outre qu'il importe de créer de nou-

______

(1) Conseil municipal de Paris, procès-verbal de la séance du 11 mars 1904, p. 184.

veaux bureaux dans les mairies qui en sont dépourvues
afin de satisfaire aux demandes de travail dans les délais
les plus brefs ;

« Considérant que pour réaliser les réformes nécessaires le crédit budgétaire actuel est insuffisant ;

« Délibère :

« ART. 1er. — M. le préfet de la Seine est invité à poursuivre la création de bureaux municipaux de placement
dans les bureaux des 7e, 8e, 11e et 16e arrondissements,
ainsi que l'amélioration des bureaux existants.

« ART.2. — Une somme de 10.000 francs sera prévue au
budget de 1905 en supplément de celle de 35.000 francs
déjà inscrite pour cet objet. »

Le renvoi à l'Administration fut prononcé par le conseil municipal.

Quelques jours après, le 14 mars 1904, la loi relative au
placement des ouvriers et employés des deux sexes et de
toutes professions était promulguée ; nous verrons plus
loin les dispositions qu'elle contient à l'égard des bureaux
municipaux et leur application.

B. — Bureaux de placement organisés par les syndicats professionnels.

La loi du 21 mars 1884 sur les syndicats professionnels
a autorisé ces syndicats, dans son article 6 § 4, à créer librement et à administrer des offices de renseignements
pour les offres et les demandes de travail.

« Le gouvernement de la République, en donnant aux
patrons et ouvriers la liberté complète d'association, dit
M. Thévenet, en 1891, dans son rapport au Conseil supérieur du travail au nom de la commission chargée d'étudier la question des bureaux de placement, a voulu que
les travailleurs s'occupassent eux-mêmes de leurs intérêts

sans le secours d'intermédiaires qui prendraient, sous forme de rétribution, une partie du salaire. »

La loi de 1884 réalise la promesse de la Constitution de 1848 : grâce à ces associations volontaires, l'organisation du travail allait se faire.

Mais M. Thévenet ajoutait avec raison : « Le décret de 1852 est un obstacle sérieux au développement des bureaux de placement des syndicats professionnels. »

A partir de ce moment, la lutte a été engagée plus méthodique, sinon plus vive, contre les bureaux de placement payants ; en réalité, elle n'est qu'un incident de la lutte pour l'organisation du travail et de l'industrie.

Jusqu'alors les patrons seuls avaient pu s'unir ; leur petit nombre, leur instruction, leur habitude des affaires leur facilitaient les moyens d'entente et d'union ; il n'en était pas de même des ouvriers, et il en était résulté un monopole au détriment de ces derniers.

A partir de 1884, les ouvriers ont pu *légalement* se réunir aussi, discuter leurs intérêts, s'unir pour les défendre ; jusqu'alors aucune statistique, aucune étude suivie du marché du travail, aucune organisation ne leur avait été possible. Le premier soin de chaque syndicat a été de s'occuper du recrutement des travailleurs de sa profession, ce qui n'était qu'une phase du développement du syndicat obligatoire (1).

(1) V. *Socialisme et solidarité*, par M. H. La Fontaine, sénateur de Belgique, p. 269 : « Ce sera au syndicat, devenu obligatoire, qu'incomberait toute la réglementation professionnelle. Par le fait qu'il engloberait tous les travailleurs d'un métier déterminé, unis en un groupe autonome, il deviendrait le véritable patron de ce métier, assurant la répartition du travail et le recrutement des travailleurs. La solidarité s'affirmerait moins dans de tels groupements, comme c'est le cas de nos jours, par les sacrifices pécuniaires faits par chacun des syndiqués pour garan-

La résistance des patrons ne pouvait arrêter un tel élan. Ce n'était pas d'ailleurs l'industrie des placeurs qu'ils défendaient, ils se souciaient peu de ces entremetteurs, mais ils désiraient maintenir leur indépendance.

La liberté de former des syndicats arriva à concilier les différents intérêts : les patrons ont opposé des *syndicats jaunes* admettant leur direction aux *syndicats rouges*, indépendants de toute sujétion. Désormais, grâce à la sécurité que trouvent les patrons dans cette division, le placement syndical et professionnel peut suivre son libre cours.

C'est ainsi qu'on peut constater que les améliorations dans les bureaux de placement payants correspondent à une évolution dans les organisations ouvrières et surtout dans la conception de l'organisation sociale du travail.

C. — *Bourses du travail.*

C'est M. de Molinari, en 1844, qui paraît avoir eu, le premier, l'idée de créer des Bourses du travail comme organes de placement « pour faire connaître aux ouvriers de tout un pays, de tout un continent, jour par jour, les endroits où le travail s'obtient aux conditions les plus favorables, ceux où ils doivent se porter de préférence pour en demander » (1).

La réalisation de cette idée fut poursuivie en 1848 par M. Ducoux, préfet de police, qui proposa au conseil municipal de Paris en 1848 et à l'Assemblée Nationale en 1851, la construction à Paris, sous la direction de l'Etat, d'une

tir la défense du salaire et du loisir de ses frères de travail, que par le payement strict de la dette de travail imposée à tous suivant leurs aptitudes et que tous se feront un véritable point d'honneur d'acquitter intégralement. »

(1) M. de Molinari, *Les Bourses du travail.*

Bourse de travailleurs. Cette Bourse devait contenir des bureaux de placement pour les ouvriers des différents corps de métiers et réunir tous les renseignements propres à éclairer le public sur tous les éléments du travail.

Mais c'est en 1887 seulement que, sur une proposition de M. Mesureur, une Bourse du travail fut créée à Paris, dans le but d'établir des bureaux tenus par des agents commissionnés et payés à cet effet par la direction de la Bourse pour enregistrer et communiquer aux intéressés les offres et les demandes, et remplacer ainsi les bureaux de placement.

Une Bourse centrale a été inaugurée à Paris le 22 mai 1892 ; fermée le 13 juillet 1893, elle a été ouverte de nouveau le 8 décembre 1895 ; un décret du 7 décembre 1895 avait édicté le règlement intérieur de la Bourse ; un décret du 17 juillet 1900, portant réorganisation de la Bourse du travail de Paris, régissait la Bourse au moment du vote de notre loi.

L'article 1er de ce dernier décret indique très bien l'objet et le but de cette institution.

« ART. 1er. — La Bourse du travail de Paris, ainsi que ses annexes, a pour objet de faciliter les transactions relatives à la main d'œuvre, au moyen de bureaux de placement gratuit, de salles d'embauchage publiques, et par la publication de tous renseignements intéressant l'offre et la demande de travail. »

Les syndicats professionnels d'ouvriers ou d'employés, légalement constitués, fonctionnant suivant les prescriptions de la loi du 21 mars 1884, peuvent établir dans la Bourse un bureau de placement gratuit soit pour tous les membres de leur profession, soit pour leurs seuls adhérents (art. 2). Pour être admis à occuper un local dans la

Bourse, les syndicats légalement constitués doivent adresser une demande d'admission au Préfet de la Seine, qui la transmet à la commission administrative de la Bourse (art. 3 du décret du 17 juillet 1900).

Après leur admission, les syndicats s'administrent librement et prennent telles dispositions qui leur paraissent utiles pour tout ce qui concerne l'organisation de leurs bureaux, de leurs réunions ou assemblées, de leurs services de placement gratuit (art 4 du même décret).

Pour faciliter le placement des travailleurs quels qu'ils soient, la salle d'embauchage installée dans les bâtiments de la Bourse du travail est ouverte aux patrons, ouvriers et employés de toute profession, syndiqués ou non. Généralement, dit l'article 5 du décret du 17 juillet 1900, quiconque aura une demande ou une offre de travail à faire y aura libre accès.

Nous verrons plus loin les heureux résultats que produit l'application de cette liberté d'accès (1).

Mais il y a lieu de faire observer que beaucoup de gens donnent aujourd'hui aux Bourses du travail une signification différente. Ainsi que le dit l'Office du travail, dans son enquête de 1902 : « Les Bourses du travail furent fondées originairement, comme leur nom l'indique, pour faciliter le placement en centralisant les demandes et les offres d'emploi. Comme les immeubles où furent installées les premières Bourses du travail, servirent également à abriter les syndicats de la ville, le mot de Bourse du travail en arriva à désigner l'ensemble des syndicats qui trouvaient asile dans l'immeuble où était installée une Bourse du travail. C'est surtout dans ce dernier sens qu'on emploie ce

(1) Voir *infra*, III° partie.

mot aujourd'hui. C'est ainsi qu'il existe une Fédération des Bourses du travail, qui est à proprement parler une fédération d'unions locales de syndicats (1). » Toutefois le placement n'en est pas moins resté une des fonctions principales des Bourses du travail, elles font le placement de tous, syndiqués ou non syndiqués, et c'est là pour nous l'essentiel.

D. — *Compagnonnages.*

Ces sociétés formées entre ouvriers du même métier existent depuis longtemps, elles ont été fort utiles dans un temps où le droit d'association n'existait pas, et où ces groupements se formaient comme confréries à l'abri d'une protection religieuse.

Elles réalisent le placement professionnel avec la plus grande perfection, au point de vue des garanties professionnelles et de la moralité de leurs membres.

Cette supériorité vient peut-être de leur principe qui est différent des principes de notre constitution politique. Elles sont basées sur l'autorité, mais, dans un pays démocratique, toute institution qui n'est pas fondée sur le principe d'égalité n'est-elle pas appelée à disparaître ?

E. — *Sociétés de secours mutuels.*

Les sociétés de secours mutuels peuvent en outre, accessoirement, créer au profit de leurs membres des cours professionnels, des offices gratuits de placement et accorder des allocations en cas de chômage, à la condition qu'il soit pourvu à ces trois ordres de dépenses au moyen de cotisations ou de recettes spéciales (art. 1 § 2, loi du 1er avril 1898).

---

(1) Barberet, *Les sociétés de secours mutuels*, p. 63.

Ce sont là des œuvres morales et philanthropiques. On ne peut que se féliciter de les voir prospérer, d'autant plus que le placement que font les sociétés de secours mutuels, qui organisent des bureaux gratuits, est le placement professionnel, le meilleur de tous.

Ainsi que l'a fait observer M. Barberet, directeur de la Mutualité (1) :

« Les offices gratuits de placement sont en quelque sorte le corollaire des cours professionnels et peuvent être placés sous la même direction. Depuis longtemps déjà, fonctionnent des offices de ce genre dans un certain nombre de sociétés de secours mutuels professionnelles ; les services qu'ils ont rendus aux sociétaires leur ont valu la tolérance administrative. En les inscrivant dans son texte, la loi fait cesser l'irrégularité de leur existence. Désormais les sociétés de secours mutuels auront le droit incontestable d'établir ce service annexe lorsqu'elles le jugeront utile aux intérêts de leurs membres et à leur propre développement. »

F. — *Œuvres de bienfaisance et sociétés diverses.*

Un grand nombre de sociétés de bienfaisance font aussi du placement gratuit. Leur nombre grandit chaque jour ; mais, ainsi que l'a dit un auteur : « le placement charitable tend à devenir moins une œuvre de charité proprement dite que la troisième étape de la réhabilitation des pauvres sans travail. En effet, la charité donne au malheureux les premiers secours ; l'assistance par le travail lui fait reprendre des habitudes laborieuses, et le placement vient couronner l'œuvre en lui procurant une situation honorable. Cette évolution doit être considérée comme un heureux progrès au point de vue de la dignité de l'avenir

(1) Barberet, *Les sociétés de secours mutuels*, p. 68.

et de la moralité du placement » (1). La charité n'est pas suffisante pour réveiller les énergies ; le travail seul, basé sur le devoir social, sauvegarde la dignité de l'homme et réhabilite celui qui en use.

L'Office du travail concluait ainsi : « De l'étude des résultats du placement gratuit en 1902, se dégagent les constatations suivantes :

« 1° Les personnes qui s'adressent aux offices de placement gratuit sont, en grande majorité, des domestiques. Viennent ensuite les ouvriers et employés de l'administration, les manœuvres et ouvriers agricoles. Les ouvriers des autres métiers usent peu ou point de l'intermédiaire des offices de placement gratuit.

« Cette constatation peut être rapprochée de ce fait que sur les 1455 bureaux de placement payants existant en 1898, 965, c'est-à-dire plus des deux tiers, exactement 67 0/0, étaient destinés aux domestiques, 183 aux ouvriers et employés de l'alimentation, 70 aux domestiques agricoles. Viennent ensuite les coiffeurs avec 42 bureaux, les instituteurs et institutrices avec 22 bureaux. Il n'existait aucun bureau de placement payant pour les ouvriers des industries du livre, du bois, des métaux.

« 2° Les offices de placement gratuit qui n'ont pas un caractère professionnel déterminé, comme, par exemple, ceux qui sont fondés par les unions de syndicats de professions diverses ou par les institutions charitables qui s'adressent indifféremment à toutes les professions, placent surtout des domestiques » (2).

(1) Normand, *Etude comparée sur le placement des sans-travail en France et à l'étranger*. Paris, 1900, p. 127 et 128.
(2) *Bulletin de l'Office du travail* : « Le placement gratuit en 1902 », avril 1904, p. 335.

Nous examinerons plus loin l'importance de cette observation.

Constatons simplement que l'évolution, qui s'accomplit dans le placement, a fait naître successivement les bureaux de placement gratuit des syndicats (1884), des Bourses du travail et municipaux (1887), des sociétés de secours mutuels (1898), autant d'étapes vers l'absorption du placement payant par le placement gratuit et professionnel.

CHAPITRE III

TENDANCES DU PLACEMENT A L'ÉTRANGER ET EN
FRANCE AVANT 1904.

Nous ne voulons pas faire une étude détaillée des institutions de placement à l'étranger, nous voulons seulement
indiquer les principes qui se dégagent des organisations
étrangères les plus perfectionnées. La statistique des opérations effectuées par les divers organes du placement en
France montrera que les tendances sont les mêmes dans
tous les pays.

§ 1. — Tendances du placement à l'étranger.

Le premier principe à signaler est que les patrons et
les ouvriers ont un droit égal à la direction du placement
des travailleurs, et que, par conséquent, ils doivent avoir
un droit égal dans l'administration des offices de placement.

Il a été fait application de ce principe en Suisse (1) ; il
en a été surtout fait application en Allemagne.

Dans un rapport sur les bureaux de placement en Allemagne, adressé en 1904 aux bourgmestre et échevins de
la ville de Gand, M. Louis Varlez, président du Fonds intercommunal contre le chômage de la circonscription de
Gand, appelle spécialement l'attention sur les principes

(1) *Journal des économistes*, 15 août 1905 : « La lutte contre le chômage en Suisse », par M. Daniel Bellet, p. 178.

de l'organisation de ces bureaux de placement. Il estime
que les principes appliqués en matière de placement ouvrier en Allemagne et en Belgique, comme d'ailleurs
aussi en France, sont si différents, à certains égards même,
si contradictoires, qu'il lui paraît indispensable de signaler cet aspect de la question, surtout parce que chez nos
voisins de l'Est les théories ont eu une influence prépondérante sur la pratique ; on est assez généralement d'accord, en effet, pour leur attribuer une part décisive dans la
rénovation qui a fait du placement une des œuvres sociales les plus intéressantes de l'Allemagne.

M. Varlez rappelle que jadis ces institutions étaient dirigées d'après des procédés très analogues à ceux qui ont
encore cours en Belgique : le progrès n'est arrivé qu'à
partir du moment où aux vieilles méthodes traditionnelles
on a substitué le système scientifique que M. Varlez essaie
de résumer (1) en quelques propositions très simples :

I. — Les patrons et les ouvriers ont un droit égal à la direction du placement des travailleurs : aussi doivent-ils
avoir un droit égal dans l'administration des offices de
placement.

II. — La présidence doit être confiée à des hommes indépendants des conflits industriels.

III. — Une direction purement bureaucratique est in-
conciliable avec une organisation satisfaisante du placement.

IV. — La direction ne peut pas plus être exclusivement
confiée à des institutions philanthropiques.

V. — Les frais d'organisation et d'administration des

(1) Louis Varlez, *Rapport sur les bureaux de placement en Allemagne*, p. 20 à 40.

bureaux de placement paritaires incombent aux pouvoirs publics, en première ligne à la commune.

VI. — Le placement intercommunal est à la charge du pouvoir central, ou tout au moins des pouvoirs régionaux.

VII. — Les opérations de placement doivent être gratuites.

VIII. — Le placement ne doit pas être seulement une œuvre locale. Il faut l'étendre à tout le pays avoisinant.

IX. — Le bureau doit s'efforcer de garder le contact, et si possible se fusionner, avec toutes les œuvres qui font du placement dans un but d'utilité publique ou poursuivent des buts similaires.

X. — Les pouvoirs publics doivent contrôler efficacement le commerce du placement et veiller à ce que celui-ci ne puisse se livrer à une concurrence déloyale contre les bureaux d'utilité publique.

XI. — La statistique du placement doit être tenue avec le plus grand soin.

XII. — Le placement officiel doit s'effectuer pour les deux sexes.

XIII. — Les bureaux de placement doivent s'occuper simultanément du placement des ouvriers et des domestiques.

XIV. — Le placement des femmes doit s'effectuer par l'intermédiaire d'employés du sexe féminin.

XV. — Les contacts directs entre patrons et ouvriers, comme d'ailleurs aussi entre personnes de sexes différents, doivent être évités dans les locaux de la Bourse du travail.

XVI. - Les grèves et *lock-outs* doivent être portés à la connaissance des intéressés, sans qu'il soit nécessaire de fermer la Bourse aux métiers impliqués.

XVII. — Toutes les opérations du placement doivent
s'effectuer à l'intérieur du local.

XVIII. — Il faut s'efforcer de satisfaire les clients, patrons et ouvriers, plutôt que de suivre strictement et rigoureusement des numéros d'ordre, dont la succession
n'est que l'effet du hasard.

XIX. — Il faut énergiquement combattre la pratique de
l'*Umschau*, c'est-à-dire le fait de la part des ouvriers sans
travail de se rendre de porte en porte chez les patrons
pour s'informer s'il y a des emplois vacants.

XX. — Pour faire connaître leur but d'utilité publique,
les Bourses du travail doivent recourir à tous les modes de
réclame auxquels peuvent avoir recours les commerçants.

XXI. — Le bureau doit s'intéresser au placement des
apprentis et à la conclusion de leur contrat, car c'est de
la direction de l'apprentissage que dépend le recrutement
du marché du travail.

XXII. — Il faut développer autant que possible les relations entre les Bourses du travail des villes voisines.

XXIII. — Les bureaux de placement des villes doivent
s'intéresser au phénomène de la dépopulation des campagnes et de la pénurie des travailleurs agricoles.

Tels sont, de l'avis de M. Varlez, « les principes essen-
tiels de l'organisation des bureaux du travail paritaires de
l'Allemagne, ceux qui ont le plus contribué à leur assurer
le succès que tout le monde se plaît à leur reconnaître
aujourd'hui et qui contraste heureusement avec l'indifférence témoignée à ces institutions quand elles avaient
une direction purement bureaucratique ou philanthropique » (1).

(1) Louis Varlez, *Rapport sur les bureaux de placement en Allemagne*, p. 39.

Le second principe est que tous les bureaux de placement d'une même ville doivent communiquer entre eux et transmettre à tous les bureaux des autres villes l'état des disponibilités ou des manquants de forces productives pour les travaux locaux. L'Allemagne a rendu aussi faciles que possible toutes les communications de ce genre dans tout le pays, mais c'est l'Etat du Luxembourg qui, depuis 1892, emploie le plus ingénieux système : il a fait de son administration des postes un bureau de placement par des cartes postales à cinq centimes, de couleurs différentes, les unes pour l'offre, les autres pour la demande de travail, pour transmettre toutes les offres et demandes (1). Ce principe a pour conséquence non seulement la communication de toutes offres et demandes, mais aussi de tous les éléments qui peuvent servir à établir des statistiques et à faire connaître avec précision l'état du marché du travail.

Le troisième principe est celui de la suppression du placement payant. Ce principe a été reconnu à peu près partout ; aux Etats-Unis en dernier lieu, un économiste écrivait : « Les bureaux de placement ne font que peu ou rien pour la solution du problème du chômage, et, d'autre part ils sont généralement si malhonnêtement dirigés, qu'on n'a pas sujet de désirer leur maintien » (2). Aussi les remplace-t-on par des bureaux créés par l'Etat.

Le quatrième principe est celui de la création d'organes de placement municipaux ou régionaux. Les bureaux créés dans les Etats aux Etats-Unis sont des organes régio-

(1) Gide, *Rapport, général à l'Exposition universelle de 1900. Économie sociale*, p. 238.

(2) *Employment bureaus* par Willoughby, dans les monographies pour l'Exposition universelle de 1900, cité par Gide dans son rapport sur l'*Economie sociale à l'Exposition universelle de 1900*, p. 237 et note 2.

naux. Dans l'Etat de l'Illinois, une loi du 17 avril 1899 a consacré la reproduction de nos Bourses du travail (1). En Allemagne, en Suisse, il a été fait application de cette idée.

Nous allons retrouver tous ces principes en application ou en germe dans les institutions du placement en France : la statistique va nous les montrer.

§ 2. — Statistique des opérations effectuées par les divers organes de placement en France.

La statistique des bureaux de placement payant et celle des bureaux de placement gratuit nous indiquent le mouvement des institutions de placement, en France ; toutes nos observations se trouvent confirmées par les données de ces diverses statistiques.

A. — *Statistique des bureaux de placement payant et de leurs opérations.*

En 1891, il y avait, en France, 1374 bureaux autorisés, dont 369 dans le département de la Seine ; en 1898, l'enquête a constaté l'existence de 1455 bureaux autorisés, dont 292 dans le département de la Seine (2).

Le nombre des opérations a été le suivant :

(1) Gide, *rapport précité*, p. 240 et note 1.
(2) *Office du travail.* Seconde enquête sur le placement, p. 58.

ANNÉES	NOMBRE DE BUREAUX		PLACEMENTS				
	signalés	ayant répondu	Demandes	Offres	à demeure	Extra	Total des placements
Dans la France entière :							
1891.	1.374	994	2.495.079	938.237	459.000	362.000	821.000
1898.	1.455	1.399	1.698.019	1.160.015	600.000	335.000	955.000
A Paris :							
1891.	309	216	1.977.540	570.770	264.000	302.000	566.000
1898.	292	284			260.000	233.000	493.000

L'Office du travail fait remarquer que le nombre moyen
des placements à demeure par bureau a diminué sensiblement, pour les employés de l'alimentation, les coiffeurs
et les professions diverses, tandis qu'il a un peu augmenté
pour les domestiques (1).

B. — Statistique des bureaux de placement gratuit et de
leurs opérations.

a. *Statistique des bureaux municipaux.* — La statistique des bureaux municipaux depuis leur fondation en
1887, montre toute l'utilité que présente cet organe de
placement et l'importance qu'il peut acquérir.

α) *Dénombrement des bureaux municipaux.* — En 1887,
il existait en France trois bureaux municipaux de placement gratuit; Levallois-Perret (1883), Lille (18 avril 1884),
Paris-18ᵉ (15 juillet 1887). En 1891, leur nombre était
de 24, dont 10 à Paris, 1 à Levallois-Perret, 13 en pro-

_____
(1) *Office du travail.* Seconde enquête sur le placement, p. 58.

vince (1). En 1899, ce nombre était porté à 42 : 17 dans le département de la Seine (2). et 25 dans 17 autres départements.

L'*Office du travail* en indique même 52 (2). En 1902, le nombre était de 33 dans les départements, et le même à Paris (3).

β) *Nombre des placements effectués.* — A Paris et dans le département de la Seine, c'est-à-dire dans les bureaux municipaux de Paris, de Levallois Perret et aussi dans le bureau de la Société du travail du 11ᵉ arrondissement qui tient lieu de bureau municipal, le nombre des placements constatés a été le suivant :

Années	Nombre de bureaux.	Demandes de travail	Offres de travail	Placements effectués à demeure	en extra.
1891 (4)	11	20.108	12.076	9.872	
1896	18	57.134	48.067	30.570	3.825
1898	18	78.386	70.896	43.844	16.598
1899 (5)	18	86.810	85.090	50.060	21.070
1902 (6)	16 (7)	61.168	79.462	42.479	7.183

(1) Le placement des employés, ouvriers et domestiques, 1893. Enquête de l'*Office du travail.*

(2) *Office du travail.* Seconde enquête sur le placement, 1901, p. 40. L'*Office du travail* indique 18 bureaux, mais il a compté par erreur le bureau de la mairie du 11ᵉ arrondissement, qui n'est pas un bureau municipal à proprement parler puisqu'il est dirigé par une société privée, la Société du travail.

(3) *Office du travail* : Février 1904. Le placement gratuit en 1902, p. 127 à 130. Août 1904 : Bureaux municipaux de placement gratuit, p. 716.

(4) *Office du travail,* Le placement des employés, ouvriers et domestiques, 1893.

(5) *Office du travail.* Seconde enquête sur le placement, 1901, p. 40 et 41, 172 à 175.

(6) *Bulletin de l'Office du travail,* février 1904. Le placement gratuit en 1902, I, *Bureaux municipaux,* p. 127 à 130.

(7) Les résultats indiqués ne comprennent pas les placements de

En province, nous ne pouvons indiquer de résultats complets, la plupart des bureaux n'ayant pas répondu aux questionnaires envoyés par l'Office du travail. Nous pouvons seulement donner, pour les bureaux qui ont répondu, les nombres suivants :

1891	9	4.697	1.216	984
1898	17	9.851	5.818	3.500	96
1899	18	8.204	5.621	3.521	86
1902	3	1.799	1.873	644	23

Ces résultats, pour 1902, sont ceux des 3 bureaux de Charleville, Lyon et Orléans (1). Ils ne comprennent pas les placements des bureaux d'Auxerre et de Rouen qui cependant, d'après les rapports des maires, fonctionnent très activement et donnent d'excellents résultats (2).

Dans quelques villes, au contraire, Lille, Moulins, Armentières, leur activité serait très médiocre (3). Peut-être cet insuccès est-il la conséquence d'un défaut d'organisation et de l'indifférence ou de la résistance des municipalités.

L'Office du travail, dans son enquête sur le placement gratuit en 1902, ajoute que : « pour apprécier sainement les efforts faits par les municipalités en vue du placement gratuit, il ne faut pas toutefois oublier que la plupart des municipalités subventionnent les bureaux de placement des Bourses du travail, qui donnent en général des résultats beaucoup plus satisfaisants que les bureaux municipaux proprement dits et enlèvent à ces derniers beaucoup

Levallois-Perret et du bureau de la Société de travail du 11° arrondissement, ils se réfèrent seulement aux 16 bureaux de Paris. — Voir *Bulletin de l'Office du travail*, février 1904, p. 128 et note 1.

(1) *Bulletin de l'Office du travail*, février 1904, p. 129.

(2) *Ibid.*, août 1904, p. 716.

(3) *Eod. loc.*

de leur intérêt. C'est ainsi que la ville de Caudebec a supprimé son bureau municipal depuis l'ouverture de la Bourse du travail d'Elbeuf. A Aix et à Narbonne le bureau municipal a été fondu avec celui de la Bourse du travail » (1).

γ) *Nature des placements effectués.* — La statistique des placements effectués par les bureaux municipaux, établie par professions, a montré que les bureaux municipaux de Paris plaçaient surtout des hommes appartenant à des professions peu définies (garçons, apprentis, employés, etc.), et pour les femmes, des domestiques principalement, puis des apprenties et demi-ouvrières et des ouvrières à profession mal définie (travail facile) ; les ouvrières de métier (couturières, fleuristes, mécaniciennes) arrivent en dernier lieu ; le nombre des ouvrie de métier est plus grand cependant que celui des ouvrie sans profession définie (2).

Il en est de même en province : à Brest, Charleville, Epinal, Le Puy, Lisieux, Lyon, Nancy, Sens, Trouville, Versailles, Vienne, les bureaux placent surtout des servantes, bonnes, femmes de ménage, domestiques de maisons de commerce, garçons de courses (3).

b. — Statistique des syndicats professionnels.

La statistique des syndicats professionnels doit être faite en distinguant les syndicats patronaux, ouvriers et mixtes.

I. — *Syndicats patronaux.* — En 1891, sur 1.127 syndicats patronaux, 41, c'est-à-dire 4, 5 0/0, faisaient des placements ; en 1898, sur 1.965, 125 c'est-à-dire 6,3 0/0 ; en

(1) *Bulletin de l'Office du travail,* février 1904, p. 129 et 130.
(2) *Bulletin de l'Office du travail,* p. 128.
(3) *Bulletin de l'Office du travail,* p. 129

B. — 5

1899, sur 2.157, 137 c'est-à-dire 5, 4 0/0, s'occupaient de placement. Au 1er janvier 1903, 204 syndicats patronaux et 7 unions de syndicats patronaux avaient un service de placement gratuit organisé (1).

Mais les placements effectués ne paraissent pas se développer en raison de l'accroissement du nombre des bureaux ouverts par les syndicats. L'Office du travail fait remarquer en effet que, dans le département de la Seine, les résultats de la période 1894-1897 donnent un chiffre annuel de 12.400 placements à demeure effectués par 16 bureaux, tandis qu'en 1898 et en 1899 on compte 9.000 placements environ pour 11 bureaux ayant fait connaître leurs opérations (2).

Voici le tableau des placements effectués en 1891, 1898, 1899.

Années	Nombre de syndicats	Demandes d'emplois	Offres d'emplois	Placements à demeure	en extra
1891. . . .	54	22.594	20.851	18.396	430
1898. . . .	19	17.915	14.348	11.572	206
1899. . . .	19	18.000	17.511	12.645	348

Les placements concernent surtout des employés ou ouvriers de l'industrie ou du commerce. Il en est de même en 1902, sauf pour l'Office des travailleurs de Tours qui est une union de syndicats, comme les Bourses du travail (3).

II. — *Syndicats ouvriers.* — En 1891, sur 1.250 syndicats, 144, soit 11 0/0 faisaient du placement ; en 1898, 459 sur 2.361, soit 19 0/0 ; en 1899, 653 sur 2.685, c'est-à-dire

(1) *Bulletin de l'office du travail*, mars 1904. Le placement gratuit en 1902.III. Syndicats patronaux, p. 211.

(2) *Office du travail*. Seconde enquête sur le placement, p. 43, p. 58 et p. 181.

(3) *Bulletin de l'Office du travail*, mars 1904. Le placement gratuit en 1902. III. Syndicats patronaux, p. 243.

24 0/0 s'en occupaient (1). Au 1er janvier 1903, ce nombre
était porté à 1.017 syndicats ouvriers et à 73 unions (2).

Voici le tableau des placements effectués par les syndicats ouvriers.

Années	Nombre de syndicats	Demandes d'emplois	Offres d'emplois	Placements à demeure	en extra
1891	323	122.666	71.639	86.124	8.538
1894 à 1897 moyenne	129	45.621	38.585	35.873	13.893

Il est malheureusement impossible de se rendre un
compte exact des opérations de placement des syndicats,
la plupart ne répondant pas aux questionnaires mensuels
de l'Office du travail.

Il est incontestable que les placements opérés par les
syndicats vont en augmentant. Pour s'en rendre un compte
exact, il faut consulter les résultats publiés par trimestre
dans le *Bulletin de l'Office du travail* ; bien qu'incomplets,
ces résultats constatent une marche en avant.

L'enquête de 1902 donne aussi des renseignements pré-
cieux sur les résultats par professions (3).

III. — *Syndicats mixtes.* — En 1891, sur 126 syndicats
mixtes 21, soit 16 0/0, s'occupaient du placement ; en 1898,
32 sur 176, soit 18 0/0, s'en occupaient. Au 1er janvier
1903, le nombre était de 25 syndicats mixtes et de 8
unions de syndicats mixtes.

Le nombre des placements effectués était en 1891, et
en année moyenne pendant les années 1894 à 1897, le
suivant :

(1) *Office du travail. Seconde enquête sur le placement*, p. 47.
(2) *Bulletin de l'Office du travail*, mars 1904. Le placement gratuit
en 1902. IV. Syndicats ouvriers et mixtes, p. 213.
(3) *Bulletin de l'Office du travail*. Le placement gratuit en 1902, IV.
Syndicats ouvriers et mixtes, p. 213 à 219.

Années	Nombre de syndicats	Demandes	Offres	Placements à demeure	en extra
1891	13	2.558	1.882	1.896	1.396
1894 à 1897 année moyenne	10	4.370	4.325	4.232	

c. — *Statistique des Bourses du travail.*

La statistique des Bourses du travail, depuis l'installation provisoire de la Bourse de Paris en 1887 jusqu'à la dernière enquête qui a précédé la loi de 1904, va nous montrer le remarquable développement de cette institution ; nous verrons qu'il y a lieu d'en tirer un enseignement.

α) *Dénombrement des Bourses du travail.* — L'enquête de 1891 avait relevé l'existence de 10 Bourses du travail ; en 1897, 33 Bourses s'occupaient du placement (1). Au 1er janvier 1903, il existait 94 Bourses du travail (2).

β) *Nombre des placements effectués.* — D'après l'enquête de 1891, les 10 Bourses du travail faisaient 7.000 placements à demeure. Voici le tableau des placements effectués depuis 1894 jusqu'en 1900 (3).

Années	Total	Nombre des bourses indiquant les placements	Demandes d'emplois	Offres d'emplois	Placements à demeure	en extra	Total des placements
1894.	34	24	38.141	17.190	15.031	5.335	20.366
1895.	46	29	58.108	27.247	24.518	6.044	30.562
1896.	42	37	68.220	32.611	33.553	7.450	41.003
1897.	49	31	60.239	31.273	35.180	28.822	64.002
1898.	55	41	83.648	45.161	47.237	38.159	85.396
1899.	65	43	75.575	41.482	55.096	48.618	103.714

(1) *Office du travail,* Seconde enquête sur le placement, p. 41 et 42 ; p. 57 ; p. 178 à 180.

(2) *Annuaire des syndicats professionnels,* 1903.

(3) *Office du travail,* Seconde enquête sur le placement, p. 57 et p. 180.

Malheureusement ces chiffres ne sont pas rigoureusement exacts, parce que beaucoup de Bourses négligent de répondre au questionnaire que leur adresse mensuellement l'Office du travail.

Sur 94 Bourses, 60 seulement ont répondu à peu près complètement en 1902.

« En écartant les Bourses qui n'ont pas indiqué de chiffres, soit pour les offres, soit pour les demandes, soit pour les placements et en ne tenant pas compte des placements en extra (19.874) de la Bourse de Marseille, on obtient pour les 60 Bourses qui ont répondu à toutes les questions les chiffres suivants :

Demandes d'emplois	94.537
Offres d'emplois	58.680
Placements à demeure	44.306
Placements en extra	9.805

Il résulte de ces chiffres que les Bourses du travail placent à demeure ou en extra 57 0/0 des travailleurs qui s'adressent à elles pour trouver un emploi » (1).

En 1903, les Bourses du travail ont fait 103.000 placements (2).

γ) *Nature de placements effectués.* — Dans 23 Bourses sur 31, ce sont des domestiques, surtout des domestiques femmes, qui ont été placées ; dans 14 Bourses, les domestiques forment à eux seuls la majorité des travailleurs placés. « Ce fait est d'autant plus remarquable que les domestiques n'appartiennent pas en général aux syndicats réunis dans les Bourses du travail (3). »

Après les domestiques, ce sont les ouvriers du bâti-

<hr>

(1) *Bulletin de l'Office du travail*, février 1904, p. 131.
(2) Gide, *Rapport sur l'Exposition de 1900, Economie sociale*, p. 239.
(3) *Bulletin de l'Office du travail*, février 1904, p. 131 à 133.

ment : terrassiers, charpentiers, maçons, tailleurs de pierres, menuisiers, peintres, serruriers, qui fournissent le plus grand nombre de placements. Dans certaines Bourses, ce sont les exigences locales qui déterminent le plus grand nombre de placements, c'est ainsi qu'à Bordeaux, Narbonne, Reims, pays viticoles, les Bourses ont placé un grand nombre d'ouvriers agricoles. Par contre les ouvriers de l'industrie usent peu de ce mode de placement ; c'est plutôt par relations de camaraderie, ou par connaissance, chaque ouvrier s'étant spécialisé, qu'ils trouvent à s'employer. Dans certaines industries, l'usage des places de grèves est encore en vigueur. Remarquons d'ailleurs que cette catégorie d'ouvriers est beaucoup plus stable qu'on ne le croit en général, ainsi que le prouvent les nombreuses médailles décernées annuellement aux ouvriers ayant 30 ans de services dans le même établissement.

d. — *Statistique des opérations de placement effectuées par le compagnonnage.*

En 1891, 32 compagnonnages avaient été signalés comme centres d'embauchage (1). En 1898, on a pu découvrir l'existence de 21 ; en 1902, 8 seulement ont répondu à un au moins des questionnaires. Ces 8 compagnonnages étaient les suivants : boulangers du Devoir de Paris ; charrons de Paris ; couvreurs d'Angers ; charpentiers, menuisiers, maréchaux et ferblantiers d'Avignon ; cordonniers du Devoir de Nîmes ; maréchaux-ferrants du Devoir du Tour de France d'Avignon ; tisseurs ferrandiniers de Paris, forgerons taillandiers de Paris.

Le nombre des placements effectués est le suivant :

(1) *Office du travail.* Seconde enquête sur le placement, p. 50, 56 et 183.

Années	Nombre de compagnonnages	Demandes	Offres	Placements à demeure	en ville
1891	15	6.288	6.188	6.188	
1894 à 1897	15	8.209	8.835	5.339	2.108
Moyenne.					

L'Office du travail donne, pour 1902, les résultantsdes opérations effectuées par les compagnons boulangers de Paris (3 mois) et les compagnons charrons de Paris (9 mois) (1).

*e. — Statistique des opérations de placement effectuées
par des sociétés de secours mutuels.*

En 1891, 59 sociétés de secours mutuels étaient signalées comme s'occupant du placement gratuit de leursmembres ; en 1898, on trouvait 150 sociétés, dont 83 dans le département de la Seine. Le nombre a dû augmenter depuis la loi du 1er avril 1898 ; néanmoins, en 1902, 68 sociétés seulement, dont 34 à Paris, ont répondu au questionnaire de l'Office du travail (2).

Le nombre des placements est le suivant :

Années	Nombre de sociétés	Demandes	Offres	Placements à demeure	en ville
1891	59	35.044	33.159	17.594	16.000
1894 à 1897	126	36.049	33.276	26.464	19.721
Moyenne.					

Presque toutes les sociétés de secours mutuels, qui s'occupent de placement, ont un caractère professionnel ; elles se rattachent surtout à l'alimentation, aux employés de commerce (3).

(1) *Bulletin de l'Office du travail*, avril 1904. Le placement gratuit en 1902. V. Compagnonnages, p. 329.

(2) *Bulletin de l'Office du travail*, avril 1904. Le placement gratuit en 1902. VI. Sociétés de secours mutuels, p. 329 à 331.

(3) *Office du travail*. Seconde enquête sur le placement, p. 50 à 52, p. 56 et 183.

f. — Statistique des opérations de placement effectuées par des œuvres de bienfaisance et des sociétés diverses.

En 1891, 76 sociétés avaient été signalées ; en 1898, 450 avaient reçu le questionnaire de l'Office du travail, 300 ont répondu, 189 ont fait connaître le nombre des placements effectués (1). En 1902, 95 sociétés, dont 27 à Paris et 68 en province, ont répondu, au moins une fois, aux questionnaires mensuels de l'Office du travail (2).

Le nombre des placements effectués est le suivant :

Années	Nombre de sociétés	Demandes	Offres	Placements à demeure	en extra.
1891	76	132.036	25.911	26.227	107.431
1894 à 1897. .	189	68.785	67.609	49.482	5.650
Moyenne.					

L'Office du travail a donné les résultats par nature de sociétés : Assistance par le travail ; Asiles, refuges, etc. ; Patronages ; Écoles, orphelinats, colonies ; Sociétés d'anciens élèves, sociétés d'originaires de même province, sociétés philanthropiques. L'Office central des institutions charitables de Lyon, l'Alsace-Lorraine de Paris, la Philanthropique de Paris ont donné la répartition des personnes placées par professions (3).

L'étude de ces diverses statistiques montre que le placement en France suit exactement les mêmes tendances qu'à l'étranger.

Le principe d'égalité n'a pas été expressément formulé, il est vrai, mais c'est qu'en France il existe depuis 1789 tandis qu'en Allemagne il n'existe pas encore légalement et qu'il faut l'exprimer formellement. Les mœurs en France

(1) *Office du travail.* Seconde enquête sur le placement, p. 53 et 186.
(2) *Bulletin de l'Office du travail,* avril 1904. VII. Sociétés diverses, p. 331 à 335.
(3) *Bulletin de l'Office du travail,* avril 1904, p. 335.

no sont peut-être pas toujours conformes à la constitution, mais l'intérêt a rapproché les parties adverses. C'est ainsi que les syndicats patronal et ouvrier de la boucherie se sont unis pour lutter d'un commun accord contre les placeurs, ils ont organisé le placement gratuit ; les patrons ont accordé leur confiance, et les ouvriers ont désarmé en vue du bien commun (1). Les résultats sont excellents. L'éducation sociale propagera cet exemple, d'autant plus que, dans toutes les professions où le placement professionnel et gratuit a été organisé à la suite d'une entente entre les syndicats patronaux et les syndicats ouvriers, tout autre mode de placement a été rendu inutile.

Quant aux autres principes, ils sont réalisés par nos Bourses du travail, qui « réussissent mieux et paraissent rendre plus de services que les fédérations de métiers », dit M. Gide (2), car, comme le faisait remarquer l'un des propagateurs (3) de ces Bourses : « dans le plus grand nombre de cas, les ouvriers d'une même ville ont plus d'intérêts communs que les ouvriers d'une même profession habitant des villes éloignées ». Cette organisation est plus intéressante encore depuis que la création de la Fédération des Bourses du travail, en 1892, leur a donné un organe central. « Chaque Bourse dresse chaque semaine un tableau indiquant le nombre de places vacantes dans chacun des métiers de sa circonscription. Pour simplifier les écritures, chaque métier est désigné par un simple numéro d'ordre. Tous ces tableaux sont centralisés par la

---

(1) *Office du travail. La petite industrie.* T. I. L'alimentation à Paris, p. 235.

(2) Gide, *Rapport à l'Exposition universelle de 1900 sur l'Economie sociale*, p. 240.

(3) Pelloutier. *Histoire des Bourses du travail.*

Fédération des Bourses à Paris et renvoyés en un tableau d'ensemble à chaque Bourse de province. »

Il n'y a qu'un désir à formuler encore, c'est de voir le principe de la gratuité établi d'une manière absolue par la suppression complète des bureaux de placement payant. Souhaitons que le temps, là aussi, accomplisse son œuvre.

DEUXIÈME PARTIE

ŒUVRE LÉGISLATIVE RELATIVE AU PLACEMENT JUSQU'A 1904.

CHAPITRE PREMIER

PROPOSITIONS DE RÉFORMES DE 1882 A 1903.

Nous allons étudier dans ce chapitre :

Les dix propositions de loi présentées à la Chambre des députés avant le 16 mars 1897 :

Le projet de loi déposé par le Gouvernement le 16 mars 1897 ;

La proposition de loi adoptée par la Chambre des députés le 29 novembre 1900, modifiée par le Sénat le 30 janvier 1902 ;

La proposition de loi adoptée par la Chambre des députés le 3 novembre 1903.

§ 1. — **Examen sommaire des dix propositions de loi présentées à la Chambre des députés avant le 16 mars 1897.**

Les abus qui avaient été relevés contre les bureaux de placement payants avaient soulevé des protestations nom-

breuses de chambres syndicales et avaient été la cause
de violentes manifestations.

Le 7 août 1882, M. Clovis Hugues, pour couper court à
tous les abus commis par les placeurs, présenta à la Chambre des députés une proposition tendant à l'abrogation
pure et simple du décret du 25 mars 1852. Cette mesure
radicale n'eût pas produit l'effet désiré. M. Letellier,
chargé par la cinquième commission d'initiative parlementaire de faire un rapport sur cette proposition, conclut
à ne pas la prendre en considération parce que l'abrogation
pure et simple du décret du 25 mars 1852, qui cherchait
à réprimer et à prévenir les abus, n'aurait fait que rendre
les abus plus faciles et plus nombreux.

Le 17 avril 1887, à la suite de nouveaux abus et de nouvelles manifestations, M. Tony Révillon présenta une
pétition appuyée par les députés de la Seine pour la suppression des bureaux de placement.

Le 4 août de la même année, MM. Camélinat, Antide
Boyer, etc., déposèrent à la Chambre des députés une proposition demandant le placement professionnel. M. Fonbelle, au nom de la commission d'initiative, présenta un
rapport dans lequel il demandait à la Chambre de refuser
la prise en considération (1).

Mais le 7 juillet 1888, MM. Mesureur et Millerand pré-
sentèrent une proposition relative au placement gratuit
des ouvriers et employés de toutes professions (2), et
M. Albert Ferry en proposait la prise en considération (3).

(1) Rapport de M. Fonbelle à la Chambre des députés, 18 juin 1888,
n° 1857.

(2) Proposition Mesureur et Millerand, 7 juillet 1888, n° 2962.

(3) Rapport sommaire de M. Albert Ferry au nom de la 24e commission d'initiative parlementaire chargée d'examiner la proposition n° 2962,
14 mars 1889, n° 3603.

M. Chanson, chargé du rapport sur les deux propositions précédentes, conclut à l'abrogation du décret de 1852 et à l'admission de la liberté complète (1).

La législature s'écoula sans que le rapport put venir en discussion.

Au commencement de la législature suivante, le 12 décembre 1889, MM. Dumay, Joffrin, Moreau, Beaulard et Maujan déposaient une proposition tendant à supprimer le placement payant pour n'admettre que le placement corporatif et, subsidiairement, le placement municipal (2). M. Rabier fit à ce sujet un rapport sommaire proposant la prise en considération (3).

Le 17 décembre 1889, MM. Mesureur et Millerand reprirent leur proposition précédente (4). M. Arnault Dubois, au nom de la commission d'initiative parlementaire, proposa la prise en considération (5).

Sur ces deux propositions, M. Arnault Dubois fit un rapport très important, très documenté, dans lequel il concluait par une nouvelle proposition de loi, admettant la liberté pour les institutions de placement, mais avec la gratuité (6).

La législature s'écoula encore sans que le rapport put venir en discussion.

Mais, au début de la législature suivante, MM. Coutant, Toussaint et plusieurs de leurs collègues reprirent l'an-

(1) Rapport de M. Chanson à la Chambre des députés, 11 juillet 1880, n° 3929.

(2) Proposition... le 12 décembre 1889, n° 174.

(3) Rapport de M. Rabier, 30 janvier 1890, n° 300.

(4) Proposition de MM. Mesureur et Millerand, 17 décembre 1889, n° 194.

(5) Rapport de M. Arnault Dubois, 30 janvier 1890, n° 310.

(6) Rapport de M. Arnault Dubois, 9 avril 1892, n° 2007.

cienne proposition de MM. Dumay, Joffrin, Moreau, Beaulard et Maujan (1) ; M. Mesureur présenta une nouvelle proposition sur le placement gratuit des ouvriers et employés des deux sexes (2), et M. Georges Berry déposa une proposition tendant à la suppression des bureaux de placement par extinction (3).

Ces trois propositions firent l'objet d'un rapport de M. G. Berry au nom de la commission du travail (4). Cette commission, présidée par M. Bovier-Lapierre, avait adopté une proposition qui consacrait la suppression, dans un délai de cinq ans, des bureaux de placement autorisés, la consécration légale du placement gratuit et l'organisation du placement municipal.

Cette fois, la proposition vint en discussion devant la Chambre des députés. La première délibération commença le 26 février 1897.

M. Julien Goujon soutint le droit de propriété des placeurs ; mais c'est M. Guillemin, député du Nord, qui fit échouer la proposition en inspirant à la Chambre des députés la crainte des syndicats et la peur du socialisme.

« Ce sont seulement les socialistes qui mènent la campagne contre les bureaux de placement, dit M. Guillemin.

« Il importe de rechercher quels sont leurs motifs.

« Le premier est très simple : ils veulent commencer une expropriation partielle, sans indemnité, d'un certain nombre de citoyens. C'est l'application d'une partie de leurs théories.

---

(1) Proposition de MM. Coutant, Toussaint, etc. 25 novembre 1893, n° 47.
(2) Proposition de M. Mesureur, 5 mai 1894, n° 601.
(3) Proposition de M. Georges Berry, 10 mai 1894, n° 206.
(4) Rapport de M. Georges Berry, 13 décembre 1895, n° 1677.

« Le second motif pour lequel les socialistes tiennent absolument à la suppression immédiate des bureaux de placement, c'est qu'ils savent que rien actuellement n'est organisé pour les remplacer. Les ouvriers seront affolés : ils ne trouveront rien, ils ne sauront plus à qui s'adresser, et alors il leur faudra forcément aller aux syndicats. »

A ce moment, la méfiance contre les syndicats et la peur du socialisme étaient telles que la Chambre repoussa la suppression des bureaux payants dans la crainte de donner trop de puissance aux syndicats, et renvoya la proposition à la commission pour nouvel examen.

Le 16 mars 1897, M. Guillemin présenta une proposition qui, sous prétexte de garantir la liberté de l'industrie et le respect de la propriété, maintenait et fortifiait les bureaux de placement payants (1).

Le gouvernement présenta alors un projet de loi, contresigné par trois ministres, MM. Boucher, Barthou et Darlan (2).

§ 2. — Projet de loi déposé par le gouvernement le 16 mars 1897.

Le projet de loi du gouvernement maintenait le placement payant, mais il essayait de l'améliorer en prévenant les principaux abus du placement payant et en réprimant ces abus d'une manière plus sévère. D'autre part, il consacrait légalement le placement municipal et dispensait de toute autorisation tous les bureaux gratuits.

A ce projet, M. Chauvin proposa d'ajouter une disposition en vertu de laquelle, à partir de la promulgation

(1) Proposition de M. Guillemin, 16 mars 1897, n° 2347.

(2) Projet de loi sur le placement des ouvriers et employés, 16 mars 1897, n° 2345.

de la loi, les placeurs ne pourraient plus faire la vente des fonds de commerce.

« Une enquête officieuse a été faite en 1885 par les chambres syndicales ouvrières de l'alimentation, et la situation précaire du petit commerce parisien n'a fait que s'aggraver depuis cette époque. Cette statistique établissait que sur cent établissements de commerce, quatre-vingts étaient en vente dans les bureaux de placement. Or, il est incontestable que le commerçant qui a mis son établissement de commerce en vente dans un bureau de placement se trouve obligé d'aller chercher son personnel dans ce bureau parce qu'il espère que le titulaire lui fera vendre son établissement.

« Vous pouvez être certains, ajoutait M. Chauvin, que l'ensemble des chambres syndicales patronales du petit commerce parisien désirent vivement être arrachées à cette tutelle des bureaux de placement, afin de pouvoir prendre leurs ouvriers soit dans les bureaux de placement syndicaux, soit dans ceux des municipalités. Mais si vous laissez subsister la faculté pour le placeur d'être en même temps placeur et marchand de fonds de commerce, vous rendrez inapplicable la loi que vous êtes en train d'élaborer. »

M. Guillemin lui-même appuya cette disposition additionnelle pour ce motif que les bureaux de placement payants ne devaient être obligatoires pour personne. Or « il est certain que les placeurs qui font en même temps la vente des fonds de commerce obligent les patrons à s'adresser chez eux, ils les menacent de ne plus s'occuper de la revente de leurs fonds s'ils prennent ailleurs leurs employés ». Dans ces conditions, afin d'assurer à tous la

liberté, M. Guillemin dit que la Chambre devait établir
l'incompatibilité demandée par M. Chauvin (1).

Le 9 avril 1897, la Chambre des députés adopta le projet du gouvernement, avec la disposition additionnelle
proposée par M. Chauvin, sur un double rapport de M. Georges Berry (2).

Ce projet décidait que le placement des ouvriers et employés des deux sexes était assuré : 1° par les bureaux de
placement payants ; 2° par les bureaux de placement gratuits (art. 1er).

Dans le titre premier, Bureaux gratuits, le projet décidait que n'étaient soumis à aucune autorisation les bureaux de placement gratuits créés par les municipalités,
par les syndicats professionnels ouvriers, patronaux ou
mixtes, les Bourses du travail, les compagnonnages, les
sociétés de secours mutuels, les associations charitables
et les sociétés de bienfaisance (art. 2). Tous ces bureaux,
sauf ceux créés par les municipalités, étaient astreints au
dépôt d'une déclaration préalable effectuée à la mairie de
la commune où ils étaient établis. La déclaration devait
être renouvelée à tout changement de local du bureau
(art. 3).

Dans chaque commune, un registre constatant les offres
et demandes de travail et d'emplois devait être offert à la
mairie et mis gratuitement à la disposition du public.
Dans toutes communes ayant plus de trente mille habitants, la mairie serait tenue d'établir un bureau de placement gratuit (art. 4).

(1) Chambre des députés, séance du 9 avril 1897.
(2) Premier rapport supplémentaire au nom de la commission du
travail, 18 mars 1897, n° 2351 ; deuxième rapport supplémentaire,
24 mars 1897, n° 2364.

Étaient exemptées du droit de timbre les affiches imprimées ou non concernant exclusivement les offres et demandes de travail et d'emplois et apposées soit par les bureaux gratuits, soit par les intéressés (art. 5).

Tout gérant ou employé d'un bureau de placement gratuit qui aurait perçu une rétribution quelconque à l'occasion du placement d'un ouvrier ou employé serait puni des peines prévues pour réprimer les infractions commises par les tenanciers de bureaux autorisés (art. 6 et 14).

Dans le titre II : Bureaux de placement payants, le projet décidait que nul ne pourrait tenir un bureau de placement payant, sous quelque titre et pour quelques professions que ce soit, sans une autorisation spéciale, délivrée par l'autorité municipale (1) et qui ne pourrait être accordée qu'à des personnes d'une moralité reconnue, jouissant de leurs droits civils et politiques. Les possesseurs actuels de bureaux de placement avaient un délai de trois mois pour demander l'autorisation (art. 7).

L'autorité municipale devait surveiller les bureaux de placement afin d'y assurer le maintien de l'ordre, les prescriptions de l'hygiène et la loyauté de la gestion. Elle devait prendre les arrêtés nécessaires à cet effet et régler le tarif des droits qui pourraient y être perçus. Elle était tenue de communiquer au conseil municipal un rapport annuel sur le fonctionnement de ses bureaux de placement. Ce rapport devait être envoyé à l'*Office du travail* (art. 8).

(1) Les pouvoirs conférés à l'autorité municipale devaient être exercés par le préfet de police pour Paris et le ressort de sa préfecture, et par le préfet du Rhône pour Lyon et les autres communes dans lesquelles il remplit les fonctions qui lui sont attribuées par la loi du 24 juin 1851 (art. 17 du projet).

Les tarifs et l'arrêté d'autorisation de chaque bureau devaient être affichés ostensiblement dans le local du bureau. La mairie de chaque localité dressait et faisait afficher un tableau des tarifs des différents bureaux de placement (art. 12).

Les abus, qui avaient été reprochés aux bureaux autorisés, étaient prévus et prohibés.

La perception d'un droit d'inscription préalable et le versement de toute avance étaient interdits (art. 10, § 1). Les droits de placement n'étaient dus qu'après un placement réellement effectué et qui aurait duré, pour chaque profession et suivant l'usage des localités, un temps déterminé par l'autorité municipale (art. 11).

Aucun hôtelier, logeur, restaurateur ou débitant de boissons ne pouvait joindre à son établissement la tenue d'un bureau de placement (art. 9, § 1).

A partir de la promulgation de la loi, les placeurs ne pouvaient plus faire la vente des fonds de commerce (art. 9, § 2).

De plus, afin de rendre égale la situation des patrons et des ouvriers ou employés, les droits de placement devaient être acquittés moitié par le patron et moitié par la personne placée (art. 10, § 2).

Enfin, pour rendre les redevances aussi équitables que possible, les droits de placement devaient être fixés par profession (art. 10, § 2).

Dans le titre III : Pénalités, le projet soumettait à des peines spéciales certains abus qui avaient été reprochés aux placeurs :

Toute offre moyennant rétribution d'un emploi imaginaire ou non vacant, faite sous quelque forme que ce soit, toute manœuvre d'un placeur ayant pour but de faire perdre à l'employé la place qu'il lui aurait procurée, seraient punies des peines portées à l'article 405 du Code pénal (escroquerie) ;

Tout placeur qui se serait entremis pour adresser des personnes en quête d'emploi, même majeures, à des maisons de débauche, serait puni des peines portées à l'article 334 du Code pénal (attentat aux mœurs, (art. 13).

Le projet soumettait ensuite à des peines correctionnelles, et non plus de simple police, toutes les infractions à la présente loi, ainsi qu'aux règlements municipaux faits en vertu de ses dispositions : la peine était d'une amende de 16 francs à 100 francs et d'un emprisonnement de six jours à un mois, ou de l'une de ces deux peines seulement. Le maximum d'une de ces peines devait toujours être appliqué au délinquant en cas de récidive, lorsqu'il aurait été prononcé contre lui, dans les douze mois précédents, une première condamnation pour infraction à la présente loi. Ces peines étaient indépendantes des restitutions et dommages-intérêts auxquels pourraient donner lieu les faits imputés au gérant. Les tribunaux pourraient ordonner que les jugements de condamnation, prononcés par application des articles 14 et 13, fussent, par extraits ou littéralement, publiés dans les journaux qu'ils désigneraient ou affichés aux portes du bureau de placement et de la mairie, et ce, toujours aux frais du condamné (art. 14). Le bénéfice des circonstances atténuantes pouvait être accordé aux délinquants (art. 15).

Le retrait de l'autorisation pouvait être prononcé par l'autorité municipale contre les individus qui auraient encouru ou viendraient à encourir l'une des condamnations prévues par le décret du 2 février 1852 (art. 15, §§ 1, 3, 4, 5, 6, 14 et 15 et art. 16) les privant du droit d'être inscrits sur les listes électorales, et contre ceux qui seraient condamnés à l'emprisonnement ou au maximum de l'amende pour infraction à la présente loi (art. 16).

Le préfet, dans chaque département, recevait des pouvoirs importants. Non seulement les règlements émanés de l'autorité municipale, en vertu des dispositions qui précèdent, n'étaient exécutoires qu'après l'approbation du préfet, et il en était de même des retraits d'autorisation et de fermeture des bureaux, par application de l'article 18, mais, en cas de refus d'autorisation par le maire, ou à défaut de réponse de celui-ci dans le mois qui suivrait, la demande d'autorisation pourrait être accordée par le préfet, sur la réclamation de l'intéressé (art. 18).

L'article 19 mentionnait qu'aucune dérogation n'était apportée par la présente loi aux lois et règlements concernant les bureaux de placement des nourrices.

Enfin, d'après l'article 20 et dernier, étaient et demeuraient abrogés le décret du 25 mars 1852 et toutes les dispositions contraires à la présente loi.

Ce projet n'entraînait qu'une abrogation fictive du décret du 25 mars 1852, car il reconstituait les bureaux de placement suivant les mêmes dispositions que ce décret, laissant à l'administration la faculté d'accorder l'autorisation de tenir un bureau de placement et évitant de trancher la controverse sur la nature des droits des placeurs. Il donnait, il est vrai, au préfet le droit de suppléer à l'autorité municipale, et cette précaution contre les prétendus abus de pouvoir que pouvaient commettre les municipalités semble montrer que le législateur de 1897, hanté par le souci de la liberté de l'industrie, considérait comme un droit le désir de tenir un bureau de placement payant, mais la controverse n'était pas nettement tranchée (1).

Tout le monde était d'accord cependant, disait M. Boucher, ministre du commerce, pour reconnaître les avantages que présenterait pour les classes laborieuses la gratuité du placement.

M. Lourties, rapporteur au Sénat, déclarait que l'institution du placement gratuit aurait pour conséquence de créer une concurrence qui détruirait à bref délai les bureaux payants (2).

M. Guillemin lui-même avait invoqué (3) une des conclusions publiées par l'Office du travail dans sa première enquête sur le placement : « Lorsque le placement gratuit sera organisé dans de meilleures conditions, alors seulement les bureaux de placement, devenant inutiles, se fermeront d'eux-mêmes : mais tant qu'ils existeront, ils seront la preuve qu'ils sont utiles et que les méthodes nouvelles ne sont pas préférées, et par conséquent ne sont pas préférables. »

On espérait ainsi ruiner les bureaux autorisés de placement payant par des mesures indirectes, on reconnaissait donc combien ces bureaux étaient nuisibles, mais la peur du socialisme, l'appréhension d'une trop grande puissance des syndicats, empêchaient la majeure partie des hommes politiques de proclamer nettement le prin-

---

(1) L'exposé des motifs du projet de loi disait : « La suppression des bureaux payant autorisés favoriserait certainement le développement des agences clandestines où les abus encore plus nombreux et plus graves seraient encore plus difficiles a réprimer.

« Enfin le maintien des bureaux autorisés permettra d'éviter la grave difficulté soulevée par la question de l'indemnité qui pourrait être due aux propriétaires des bureaux supprimés. »

(2) Rapport de M. Lourties au Sénat, 10 décembre 1897, n° 68.

(3) Chambre des députés, séance du 2 avril 1897

cipe obligatoire de la gratuité du placement et par conséquent de supprimer nettement les bureaux payants.

Le placement payant était donc maintenu, mais le projet accordait un traitement de faveur aux bureaux gratuits.
Il imposait aux communes l'obligation de s'occuper de
placement gratuit, soit par la tenue d'un registre des offres
et demandes de travail, dans les grandes communes, par
la création d'un bureau municipal. De plus, il s'efforçait
de prévenir les abus du placement payant et réprimait
correctionnellement les infractions, enfin il établissait
l'égalité de l'ouvrier et du patron en mettant à la charge
de chacune des parties qui profitaient de ce courtage la
moitié de la charge des droits de placement.

Ce projet, fâcheux en ce qu'il consacrait légalement et
fortifiait par conséquent le droit des placeurs, était bien
modéré dans les quelques réformes qu'il édictait ; le Sénat
cependant repoussa toutes ces améliorations.

Le Sénat supprima la prohibition pour les placeurs de
vendre des fonds de commerce ; il rétablit la faculté pour
les placeurs d'exiger le versement d'une avance, dont le
maximum serait fixé par l'autorité municipale, peut-être
fait à titre de dépôt remboursable en cas de non-placement (art. 10); il rétablit l'obligation par l'ouvrier de
subir la charge totale des droits de placement.

Le Sénat supprima encore la répression des offres,
moyennant la rétribution, d'emplois non vacants !

Enfin le projet disait que l'autorisation de tenir un
bureau de placement payant *ne pourrait* être accordée qu'à
des personnes d'une moralité reconnue. Le Sénat décida
que cette autorisation *serait* accordée à toute personne
majeure de l'un ou l'autre sexe, d'une moralité reconnue.
Les femmes devraient jouir de leurs droits civils, les hommes de leurs droits civils et politiques (art. 7).

Et, comme pour empêcher les communes de commettre des abus d'autorité, la Chambre avait donné au préfet la faculté d'accorder l'autorisation de tenir un bureau de placement, le Sénat aggrava cette dérogation au droit commun, qui ne permet jamais au préfet de prendre, dans une commune, un arrêté particulier, en décidant non seulement qu'en cas de refus d'autorisation par le maire, ou à défaut de réponse de celui-ci dans le mois qui suivrait, la demande d'autorisation pourrait être accordée par le préfet, sur la réclamation de l'intéressé (art. 18, §§ 1 et 2), mais encore qu'en cas de désaccord sur les tarifs et sur l'application de ces tarifs, la fixation appartiendrait au préfet qui statuerait dans le délai d'un mois (art. 18, § 3).

Le projet, ainsi modifié par le Sénat, fut transmis à la Chambre des députés, mais il ne put être discuté avant la fin de la législature.

M. Guillain, rapporteur, avait cependant déposé son rapport le 1er avril 1898 au nom de la Commission du travail (1), et, s'appuyant sur ce que le projet organisait le placement gratuit, il proposait à la Chambre l'adoption du projet remanié par le Sénat.

La réforme, nous l'avons vu, n'aurait pas été bien sérieuse.

§ 3. — Proposition de loi adoptée par la Chambre des députés le 29 novembre 1900, et avec modifications par le Sénat le 30 janvier 1902.

Le projet de loi du 16 mars 1897 était devenu caduc par la fin de la législature. Tout était à recommencer, et les abus continuaient, et les protestations, les bruyantes manifestations, les violences même se succédaient.

(1) Rapport de M. Léon Guillain, 1er avril 1898, n° 3206.

Le 8 novembre 1898, dès le début de la législature, une nouvelle proposition de loi fut présentée par MM. Coutant et 53 de ses collègues (1) à la Chambre des députés.

Cette proposition avait pour objet l'abrogation du décret du 25 mars 1852 réglant l'institution des bureaux de placement, et de l'ordonnance de police du 5 octobre de la même année spéciale aux bureaux de placement du département de la Seine (art. 1). L'article 2 de la proposition stipulait que le placement gratuit des ouvriers et ouvrières, ainsi que des employés des deux sexes, serait fait à l'avenir par l'entremise des Bourses du travail, des syndicats ouvriers, groupes corporatifs, et par les municipalités, qui y sont du reste autorisées par la loi municipale de 1884. L'article demandait que le préfet de police à Paris et les maires dans les autres villes de France eussent à prendre les mesures nécessaires pour que, dans les deux mois qui suivraient la promulgation de la loi, il n'existât plus aucun bureau de placement dans le ressort de leur administration.

Dans l'exposé des motifs de sa proposition, M. Coutant, après avoir rappelé les paroles de M. Thévenet au Conseil supérieur du travail (2), disait : « Sans nul doute, par ces quelques mots, M. Thévenet a voulu dire que le placement des personnes sans travail ne devait être ni une industrie, ni un commerce, mais un devoir social, une fonction sociale ; qu'il était indiqué, à l'heure où le travailleur manque de tout, au moment où la société devrait le guider, l'éclairer, ranimer son courage défaillant, de

____

(1) Proposition de M. Coutant et de 53 de ses collègues, 8 novembre 1898, n° 328.

(2) Voir suprà, p. 47.

lui montrer la plaque d'un bureau de placement quand il ne peut plus acheter de pain » (1).

Le 29 octobre 1903, M. Chambon déposait son rapport (2) sur le bureau de la Chambre des députés.

« Après le rejet par le Sénat de la proposition de loi supprimant les bureaux de placement payants votée par la Chambre au cours de la septième législature, la question du placement des ouvriers des deux sexes et de toutes professions, se pose à nouveau devant vous, disait le rapporteur. Depuis plus de vingt années elle est posée devant l'opinion publique et la grande majorité des intéressés s'est prononcée pour leur suppression radicale ; elle a fait à maintes reprises et tout récemment encore devant la

(1) M. Coutant ajoutait : « Les partis politiques, même les plus modérés disent qu'il y a lieu de s'occuper des questions ouvrières, et la formule la plus répandue dans la société actuelle est : d'améliorer les rapports entre le capital et le travail par le relèvement des salaires. Mais ces partis semblent ne pas s'apercevoir que la première amélioration à apporter c'est de supprimer la dîme sur les salaires qui est aussi arbitraire que la dîme nobiliaire et cléricale supprimée par la Révolution française.

« Messieurs, nous ne rappellerons pas à votre mémoire l'immoralité, les abus de confiance, l'avilissement des salaires dus aux bureaux de placement que les citoyens Coutant, Vaillant, Jaurès, Guesde, etc., ont signalés à la tribune de la sixième législature. Vous les connaissez !

« Ces quelques lignes peignent mieux le bureau de placement que toutes les longues critiques dont nous pourrions embellir notre exposé des motifs. Aussi venons-nous, sans autre préambule, déposer sur le bureau de la Chambre, la proposition de loi suivante, en y ajoutant le vœu qu'elle ne dorme pas comme ses aînées, pendant trois ou quatre ans, dans les cartons d'une commission. »

(2) Rapport fait au nom de la Commission du travail chargée d'examiner la proposition de loi, adoptée par le Sénat, relative au placement des employés et ouvriers des deux sexes et de toutes professions par M. Chambon, député. Chambre des députés, 8ᵉ législature, session extraordinaire de 1903. Annexe au procès-verbal de la séance du 29 octobre 1903, nᵒ 1248.

Chambre et devant le Sénat l'objet de propositions diverses et de débats approfondis ; il est temps de la résoudre législativement.

« Tous cependant, partisans ou adversaires des bureaux payants, sont d'accord pour condamner la législation surannée du décret du 25 mars 1852 ; la solution du problème seule les divise. »

M. Chambon indique que les nombreux abus, qui avaient marqué la période de liberté absolue du placement, avaient attiré l'attention du pouvoir central et motivé le décret du 25 mars 1852 qui soumettait tous les bureaux à une réglementation spéciale (1), « dans le but, louable à coup sûr mais combien hypothétique, dit M. Chambon (2), d'exiger des tenanciers, des garanties de moralité et de probité dans l'exercice d'une industrie dont on a dit avec raison que ses bénéfices croissaient en raison de l'intensité du chômage, c'est-à-dire de l'intensité de la misère ».

L'expérience a démontré que ces précautions étaient illusoires ; l'application de cette législation ne fut pas surveillée et ne pouvait l'être de façon suffisante ; aussi l'institution donna-t-elle lieu à de nombreux abus. M. Chambon rappelle les plus fréquents, qui avaient été maintes fois signalés, et dénoncés à la tribune même du Parlement : « On a accusé à juste titre, disait le rapporteur, les tenanciers des bureaux payants de percevoir une commission avant le placement, de mettre aux enchères les bon-

(1) M. Chambon énumère les règles principales : Une autorisation était nécessaire, les personnes d'une moralité reconnue pouvaient seules l'obtenir, les bureaux étaient placés sous la surveillance de l'autorité municipale, le décret punissait les contrevenants d'une amende et il spécifiait les condamnations qui pouvaient entraîner le retrait de l'autorisation.

(2) Rapport de M. Chambon, n° 1248, p. 2.

nes places, de s'entendre avec certains gérants pour déplacer fréquemment les employés de façon à toucher plus souvent la prime, de gérer en même temps des agences de vente et d'achat de fonds de commerce, de faire venir dans les grandes villes un nombre d'ouvriers trop considérable pour les besoins de l'industrie, d'attirer chez nous de pseudo-ouvriers ou employés étrangers qui s'occupent surtout d'espionnage, de favoriser le vagabondage et la mendicité en chassant ceux qui ne peuvent verser la provision exigée, enfin de se faire parfois les pourvoyeurs de maisons de tolérance. »

C'est sous le coup de l'émotion produite par ces abus et pénétrés aussi de cette idée juste selon nous, disait le rapporteur, et inscrite dans la Déclaration des droits de l'homme de 1793, « qu'il est un devoir pour la société de procurer gratuitement du travail à ceux qui en manquent », que les membres du Parlement des législatures antérieures avaient essayé de tuer le bureau payant par le bureau gratuit, en donnant, par des lois successives, aux communes, aux syndicats professionnels, aux sociétés de secours mutuels, la faculté la plus large pour la création de bureaux gratuits. M. Chambon constate, dans son rapport, que les bureaux payants n'ont pas perdu pour cela leur clientèle, et que, sur près d'un million de travailleurs qui ont recours au bureau de placement, plus des trois quarts s'adressent encore à eux. « Et que l'on ne vienne pas dire qu'ils vont librement aux bureaux payants. C'est là une nécessité pour eux et la raison en est bien simple; l'offre va à la demande; c'est au tenancier du bureau payant qui lui est moins suspect qu'un syndicat ouvrier, qui peut-être s'est occupé ou s'occupera de l'achat ou de la vente à bon prix de son fonds de commerce et qui, d'ailleurs fera payer

son courtage à l'employé, que s'adressera tout naturellement l'employeur. C'est là qu'ira l'employé ayant quelques ressources, ajoutait M. Chambon (1), la seule clientèle du bureau gratuit étant celle de l'ouvrier sans le sou,
voué à la misère, à la charité et parfois au vagabondage,
partant la plus digne de notre sollicitude. »

L'impossibilité de cette lutte entre les bureaux payants
et les bureaux gratuits avait été si bien comprise par la
Chambre des députés de la 7ᵉ législature, qu'elle avait
voté le 29 novembre 1900 une proposition de loi décidant
qu'à partir de la promulgation de ladite loi, aucune autorisation de créer un bureau de placement payant ne serait
accordée (art. 1), et qu'un arrêté municipal pourrait, à
charge d'une indemnité qui, à défaut d'entente, serait fixée
par le Conseil de préfecture, rapporter les autorisations
données en vertu du décret du 25 mars 1852. A l'expiration d'un délai de cinq ans, les municipalités pourraient
rapporter ces autorisations, sans qu'il y eut lieu à indemnité (art. 11). L'obligation de créer un bureau municipal
gratuit était en outre édictée par l'article 4 de la proposition, et dans chaque commune, un registre constatant les
offres et demandes de travail et d'emplois devait être ouvert à la mairie et mis gratuitement à la disposition du public (art. 4).

Le droit à l'indemnité pour les bureaux supprimés était
ainsi inscrit, en principe au moins, sinon en fait, dans la
loi. Et M.Chambon fait remarquer que : « par là était tranchée la controverse instituée sur le droit des tenanciers, les
uns invoquant l'immoralité d'une industrie qui fait du travail une marchandise négociable, prenant comme exemple

____

(1) Rapport de M. Chambon, n° 1248, p. 3.

dans le passé ce qui avait été fait en 1892 lorsqu'on supprima sans indemnité 74 bureaux sur 94, et du pouvoir de l'administration d'agréer ou non le titulaire présenté et de réduire les tarifs à des tarifs de famine, pour conclure que ce droit était essentiellement provisoire et révocable *ad nutum*, dès que la société avait à souffrir de son existence ; les autres affirmant que le pouvoir central n'avait qu'un droit de contrôle et non d'expropriation, et que la solution contraire violait le contrat tacite intervenu entre l'Etat et le placeur » (1).

La suppression à brève échéance des bureaux payants existants avait été jugée nécessaire afin de ne pas créer un monopole de fait au profit de ceux qui subsisteraient au moment de la promulgation de la loi et de ne pas transformer ces entreprises commerciales en offices ministériels limités en nombre, puisqu'aucune autorisation ne serait désormais accordée.

Le délai de cinq ans était justifié par les auteurs de la proposition, et ils avaient raison sur ce point, disait M. Chambon, par « l'impossibilité matérielle de substituer, au lendemain de la promulgation de la loi et, au moins dans la plupart des villes, une organisation de bureaux gratuits prête à se substituer à l'autre ; ils ajoutaient que le prix de vente ordinaire d'un bureau payant étant d'ordinaire le total du rendement des trois dernières années, la tolérance de subsister durant ce laps de temps accordée à ces bureaux correspondait à une indemnité effective, les deux années supplémentaires étant la rémunération du travail du placeur. Mais c'était là, sous des artifices de langage, ajoute M. Chambon (2), l'expropria-

(1) Rapport de M. Chambon, n° 1248, p. 3.
(2) Rapport de M. Chambon, p. 4.

tion pure et simple sans indemnité. Il est bien évident, et nul ne s'y est mépris, que par économie de leurs deniers, toutes les communes intéressées auraient laissé écouler sans rien faire le délai des cinq années et que la réforme impatiemment attendue par le gros des ouvriers et des employés allait être ajournée d'autant.

Nous savons que le Sénat ne suivit point le vote de la Chambre. « L'application en cette matière du principe de l'expropriation pour cause d'utilité publique l'effraya moins, selon nous, dit M. Chambon, que l'expropriation sans indemnité et craignant les conséquences financières de cette solution, il adopta un texte qui, non seulement consacrait, mais aggravait les dispositions du décret de 1852. L'autorité administrative devait en effet accorder *toutes* les demandes d'ouverture de bureaux faites par des personnes majeures, d'une moralité reconnue, alors que sous le régime encore en vigueur son pouvoir d'appréciation était souverain. C'était la concurrence entre bureaux gratuits et bureaux payants se continuant dans les conditions d'infériorité pour les premiers signalées plus haut, avec la circonstance aggravante de la multiplication des seconds. Mieux valait encore la législation de 1852 (1). »

M. Chambon, dans son rapport, nous fait connaître que le texte voté par le Sénat fut repoussé à l'unanimité par la Commission du travail à la Chambre des députés, néanmoins la Commission, s'efforçant de trouver un terrain d'entente sur lequel les deux Chambres puissent tomber d'accord, admit le principe de la suppression radicale des bureaux payants, mais avec une indemnité effective. M. Chambon fait remarquer que, sur le premier point, la

(1) Rapport de M. Chambon, p. 4.

Commission ne faisait que suivre l'exemple des pays voisins, de l'Allemagne, de l'Autriche-Hongrie, de la Belgique, de la Suisse, où le principe de la gratuité est le seul consacré.

Le paiement de l'indemnité devait rester à la charge de la commune, directement intéressée, au moins pour la grosse part de la dépense. M. Chambon rappelle que ce point n'avait pas fait l'ombre d'une contestation lors de la dernière discussion. Mais les communes et les agglomérations voisines sont, elles aussi, intéressées, quoique à un degré moindre ; l'Etat l'est également puisqu'il s'agit d'une réforme d'intérêt général. Aussi la Commission décida qu'il était juste de faire intervenir dans le règlement de l'indemnité les finances du département et celles de l'Etat.

Les municipalités auraient tout le loisir de choisir leur temps pour la suppression des bureaux payants et d'organiser pratiquement les bureaux gratuits destinés à les remplacer, et M. Chambon fait remarquer que c'est là une belle application de décentralisation. Mais la Commission avait admis que les subventions de l'Etat et du département décroîtraient avec le temps et cesseraient après un certain délai. M. Chambon en concluait que le projet de la Commission avait sur ses devanciers l'avantage de réaliser pratiquement et à bref délai la suppression des bureaux payants. Les communes seraient poussées dans cette voie non plus seulement par l'opinion publique, mais par l'économie de leurs deniers et par la certitude de trouver, en agissant plus promptement, des subventions pécuniaires plus considérables, subventions qu'elles ne trouveraient plus si elles ajournaient outre mesure la solution de cette importante réforme (1).

(1) Rapport de M. Chambon, n° 1248, p 5.

« Dans son économie générale, disait en terminant le rapporteur, le nouveau texte reprend les principales dispositions votées par la Chambre en 1900. Il supprime notamment pour l'avenir toute autorisation d'ouverture d'un bureau payant, consacre l'obligation, pour les communes de plus de dix mille âmes, de créer des bureaux gratuits et exonère ceux-ci de toute tutelle administrative ou de paiement de droits quelconques (1).

« Mais sa principale innovation est son article 11, qui établit le droit du tenancier à une indemnité effective et qui s'efforce, par des subventions décroissantes avec le temps et de l'Etat et du département, d'activer la suppression des bureaux payants. »

La Commission, ayant adopté le principe de l'indemnité, et la participation de l'Etat dans le payement de cette indemnité, ne pouvait manquer de répondre d'une manière précise à cette question. Quelles seront les charges financières incombant à l'Etat aux termes de cette législation nouvelle ?

Le rapporteur, M. Chambon, répondait de la manière suivante :

« D'après les renseignements recueillis au cours de la seconde enquête sur le placement des employés, des ouvriers et des domestiques, publiée par l'Office du travail en 1901, le prix d'achat de 236 bureaux du département de la Seine avait été de 2.118.285 francs, soit 8.975 francs en moyenne par unité.

« En appliquant ce prix moyen aux 292 bureaux du département de la Seine, on obtient un total de 2.620.700 francs.

(1) Rapport de M. Chambon, n° 1248, p. 4 et 5.

« 284 de ces bureaux avaient fait, année moyenne, 259.545 placements à demeure et 233.058 placements en extra. Les bureaux des autres départements étaient au nombre de 1.163, sur lesquels 1.115 avait fait 338.902 placements à demeure et 101.317 placements en extra.

« En prenant la quantité des placements à demeure comme base de la valeur des bureaux, on obtient, d'après le prix d'achat des 292 bureaux du département de la Seine, une somme de 3.471.880 francs pour les 1.163 bureaux des autres départements. Total : 6.092.580 francs.

« La valeur totale des bureaux peut encore se calculer comme suit : d'après la Chambre syndicale des bureaux de placement, le bénéfice des bureaux varie de 30 à 50 0/0 du chiffre d'affaires, soit 40 0/0 en moyenne et le prix de vente est égal au total des bénéfices de trois années, soit 1 1/5 du chiffre d'affaires.

« L'enquête de l'Office du travail donnant 2.077.100 francs comme chiffre d'affaires de 284 bureaux, le bénéfice de trois années pour 292 bureaux donne un total de 2.562.475 francs. Proportionnellement aux placements effectués (à défaut du chiffre d'affaires) on obtient pour les 1.163 bureaux des départements, un total de 3.394.805 francs. Total général : 5.957.280 francs.

« On peut donc affirmer le chiffre de 6 millions comme valeur approximative de tous les bureaux de placement en France.

« En admettant que la suppression complète se répartisse également sur chacune des cinq premières années, les charges incombant aux municipalités, aux départements et à l'Etat seraient les suivantes :

Municipalités.

Seine. . . . . . . 2.167.200 francs.
Autres . . . . . 2.872.800   »   5.040.000 francs.

Départements.

Seine. . . . . . 206.400 francs
Autres . . . . . 273.600   »   480.000   francs
Etat . . . . 480.000   »
Proportion pour la Seine 43 0,0

« Si toutes les suppressions, au lieu d'être échelonnées sur une période de 5 années, se faisaient au cours des deux premières années, les charges de l'Etat atteindraient 600.000 francs ; si elles se faisaient toutes en cours de la 3ᵉ et de la 4ᵉ année, l'Etat n'aurait plus à intervenir que pour une somme de 450.000 francs, et enfin, si elles ne se faisaient que la 5ᵉ année, la charge de l'Etat descendrait à 300.000 francs.

« Il est à supposer qu'il y aura un grand nombre de suppressions les deux ou trois premières années, et il est probable que la charge de l'Etat s'élèvera à 500.000 francs à répartir sur cinq exercices.

« Dans tous les cas, la limitation proposée de la subvention de l'Etat à cette somme de 500.000 francs obligera les municipalités à faire entre elles de l'émulation pour leur permettre d'y participer et sera un puissant auxiliaire de la prompte solution de cette grosse question du placement des ouvriers et employés des deux sexes » (1).

La Chambre des députés, dans sa séance du 3 novembre 1903, accepta les propositions de la Commission.

(1) Rapport de M. Chambon, n° 1248, p. 5 et 6.

§ 4. — Transmission au Sénat de la proposition de loi adoptée par la Chambre des députés, le 8 novembre 1903.

Le 5 novembre 1903, le président de la Chambre des députés transmettait au président du Sénat la proposition de loi relative au placement des employés et ouvriers des deux sexes et de toutes professions, adoptée par la Chambre des députés dans sa séance du 3 novembre 1903 (1).

Ainsi que nous l'avons dit plus haut (2), cette proposition rendait obligatoire dans un délai de cinq ans, la suppression des bureaux de placement payants, mais elle admettait le principe de l'indemnité dont elle fixait le maximum.

En ce qui concerne le placement gratuit, elle édictait la nécessité d'une déclaration et elle imposait à chaque commune l'ouverture d'un registre contenant les offres et demandes de travail et d'emplois.

Voici d'ailleurs le texte de cette proposition qu'il nous paraît utile de reproduire :

« ART. 1. — A partir de la promulgation de la présente loi, aucune autorisation de créer un bureau de placement payant ou une agence théâtrale ou lyrique payante ne sera accordée.

« ART. 2. — Les bureaux de placement gratuits créés par les municipalités, par les syndicats professionnels ouvriers, patronaux ou mixtes, les Bourses du travail, les

______

(1) Proposition de loi adoptée par la Chambre des députés, adoptée avec modifications par le Sénat, modifiée par la Chambre des députés, relative au placement des employés et ouvriers des deux sexes et de toutes professions, transmise par M. le président de la Chambre des députés à M. le président du Sénat. Annexe au procès-verbal de la séance du Sénat du 5 novembre 1903. Session extraordinaire, n° 279.

(2) Voir *supra*, p. 94.

compagnonnages, les sociétés de secours mutuels et toutes autres associations légalement constituées, ne sont soumis à aucune autorisation.

« Art. 3. — Les bureaux de placement énumérés à l'article précédent, sauf ceux qui sont créés par les municipalités, sont astreints au dépôt d'une déclaration préalable effectuée à la mairie de la commune où ils sont établis. La déclaration devra être renouvelée à tout changement de local du bureau.

« Art. 4. — Dans chaque commune, un registre constatant les offres et demandes de travail et d'emplois devra être ouvert à la mairie et mis gratuitement à la disposition du public. A ce registre sera joint un répertoire où seront classées les notices individuelles que les demandeurs de travail pourront librement joindre à leur demande. Les communes comptant plus de 10.000 habitants seront tenues de créer un bureau municipal.

« Art. 5. — Sont exemptées du droit de timbre les affiches, imprimées ou non, concernant exclusivement les offres et demandes de travail et d'emplois, et apposées par les bureaux de placement gratuits énumérés dans l'article 3.

Art. 6. — Tout gérant ou employé d'un bureau de placement gratuit qui aura perçu une rétribution quelconque à l'occasion du placement d'un ouvrier ou employé, sera puni des peines prévues à l'article 9 ci-dessous.

« Art. 7. — L'autorité municipale surveille les bureaux de placement pour y assurer le maintien de l'ordre, les prescriptions de l'hygiène et la loyauté de la gestion. Elle prend les arrêtés nécessaires à cet effet.

« Art. 8. — Aucun hôtelier, logeur, restaurateur ou débitant de boissons ne peut joindre à son établissement la tenue d'un bureau de placement.

« Art. 9. — Toute infraction, soit aux règlements faits en vertu de l'article 7, soit à l'article 8, sera punie d'une amende de 16 francs à 100 francs et d'un emprisonnement de six jours à un mois, ou de l'une de ces deux peines seulement. Le maximum des deux peines sera applicable au délinquant lorsqu'il aura été prononcé contre lui, dans les douze mois précédents, une première condamnation pour infraction aux articles 6 et 8 de la présente loi.

« Ces peines sont indépendantes des restitutions et dommages-intérêts auxquels pourront donner lieu les faits incriminés.

« L'article 463 du Code pénal, ainsi que la loi du 26 mars 1891, sont applicables aux infractions indiquées ci-dessus.

« Art. 10. — Les pouvoirs ci-dessus conférés à l'autorité municipale seront exercés par le préfet de police pour Paris et le ressort de sa préfecture, et par le préfet du Rhône pour Lyon et les autres communes dans lesquelles il remplit les fonctions qui lui sont attribuées par la loi du 24 juin 1851.

« Art. 11. — 1° A partir de la promulgation de la présente loi, un arrêté pris à la suite d'une délibération du conseil municipal pourra, à charge d'une indemnité représentant le prix de vente de l'office et qui, à défaut d'entente, sera fixé par le Conseil de préfecture, rapporter les autorisations données en vertu du décret du 25 mars 1852 ;

« 2° En aucun cas, l'indemnité ne pourra dépasser le bénéfice total des trois exercices antérieurs à la promulgation de la présente loi ;

« 3° Les bureaux faisant le placement pour une même profession déterminée devront être supprimés tous à la fois, par un même arrêté municipal ;

« 4° A l'expiration de la cinquième année qui suivra la promulgation de la présente loi,tous les bureaux qui n'auraient pas été supprimés par arrêté municipal seront supprimés d'office, sous les conditions d'indemnités prévues par les paragraphes 1 et 2 du présent article ;

« 5° Les indemnités aux tenanciers des bureaux de placement seront à la charge des communes. L'Etat et le département contribueront toutefois aux dépenses, d'après le barème suivant, par parts égales :

« Bureaux supprimés dans un délai de deux ans.   20 0/0

« Bureaux supprimés la troisième et la quatrième années 15 0/0

« Bureaux supprimés la cinquième année. . .   10 0/0

« Art. 12. — Sont et demeurent abrogées toutes les dispositions contraires à la présente loi.

« Les bureaux de placement de nourrices ne sont pas visés par la présente loi et restent soumis aux dispositions de la loi du 23 décembre 1874 relative à la protection des enfants du premier âge. »

C'est cette proposition qui, modifiée par le Sénat sur quelques points, notamment sur le caractère obligatoire de la suppression des bureaux payants, allait devenir la loi du 14 mars 1904.

Nous allons étudier la préparation, la discussion et le vote de la loi au Sénat.

Nous verrons ensuite comment, par esprit de conciliation, dans le but d'aboutir sans retard à une amélioration des institutions de placement, la Chambre des députés adopta sans modifications la proposition du Sénat.

CHAPITRE II

Nous allons étudier, dans ce chapitre :

Dans un paragraphe 1, la préparation, la discussion et le vote de la loi au Sénat ;

Dans un paragraphe 2, la discussion et le vote de la loi à la Chambre des députés.

§ 1. — Préparation, discussion et vote de la loi au Sénat.

A. *Préparation de la loi au Sénat.* — La Commission du Sénat composée de MM. Depreux, président ; Victor Leydet, secrétaire ; Guyot, Aucoin, Expert-Besançon, Paul Strauss, Beaupin, Poirrier, Victor Lourties, désigna M. Aucoin comme rapporteur.

Avant de se prononcer sur la proposition de loi, la Commission pensa qu'elle devrait se renseigner auprès de tous ceux qui pouvaient l'éclairer (1).

Dans ce but, elle convoqua devant elle, pour lui fournir toutes les explications désirables, les tenanciers des bureaux de placement payants, les présidents des syndicats patronaux et des sociétés de secours mutuels de l'alimen-

(1) Rapport fait au nom de la Commission chargée d'examiner la proposition de loi, adoptée par la Chambre des députés, adoptée avec modifications par le Sénat, modifiée par la Chambre des députés, relative au placement des employés et ouvriers des deux sexes et de toutes professions, par M. Aucoin, sénateur. Annexe au procès-verbal de la séance du 21 décembre 1903, n° 344. Sénat, année 1903, session ordinaire.

tation, des syndicats ouvriers de la Confédération de la
Bourse de travail, des syndicats des ouvriers indépendants,
des syndicats des artistes dramatiques, des artistes lyriques, des musiciens, des choristes, les propriétaires des
agences théâtrales, des agences lyriques. Elle entendit toutes les personnes qui en firent la demande, tels que le président et les délégués du conseil municipal, le président et
le délégué du Conseil général de la Seine, les tenanciers des
bureaux de placement payants de Lyon, le propriétaire
d'une agence qui fournit aux cirques et aux music-halls des
artistes, tels que gymnasiarques, acrobates et numéros
sensationnels. Enfin elle prit connaissance de tous les documents qui lui furent soumis ou indiqués.

Toutes les personnes et tous les groupements que la
Commission avait convoqués répondirent à son invitation,
à l'exception des syndicats ouvriers de l'alimentation de
la Confédération de la Bourse du travail, qui, dans une
lettre adressée au président (1), firent connaître qu'ils
n'enverraient pas de délégation « d'autant qu'inutile dans
son objet, cette délégation ne ferait que retarder les travaux et partant reculer la discussion d'une réforme depuis
trop longtemps réclamée et pour l'obtention de laquelle
rien ne serait ménagé ». Ils signalaient quelques documents qui permettaient, disaient-ils, d'apprécier l'urgence de cette réforme, et ils ajoutaient sur un ton com-
minatoire : « Il reste toujours à la Commission confédérale
la mission de continuer l'agitation au sein des milieux
ouvriers, convaincue qu'elle est, que c'est en agissant
ainsi que satisfaction sera donnée aux travailleurs... »

M. Aucoin, dans son rapport, a cru devoir signaler que,

(1) Rapport de M. Aucoin, p. 3 et 4.

devant une telle résolution, la Commission n'avait qu'à prendre acte du refus, ce qu'elle avait fait sans manifester aucun dépit ni garder le moindre ressentiment. La Commission avait regretté toutefois que les syndicats de la Bourse du travail de Paris n'eussent pas compris combien était louable son désir de s'éclairer avant de décider, et qu'ils ne se fussent pas prêtés à des recherches qui pouvaient la convaincre du bien-fondé d'accusations portées contre les bureaux de placement, dont les syndicats eux-mêmes demandaient depuis si longtemps la suppression (1). Quant à l'agitation qu'ils préconisaient comme seule efficace, la Commission, dit M. Aucoin, a cru devoir taire ce qu'elle en pensait (2).

Les principaux abus, reprochés aux bureaux payants étaient : le prélèvement d'une commission avant le placement, la mise aux enchères des bonnes places. Les bureaux étaient encore accusés de faire venir dans les grandes villes un nombre d'ouvriers trop considérable pour les besoins de l'industrie ; de se faire les pourvoyeurs de maisons closes ; de favoriser ceux qui, plus tard, pouvaient s'adresser à eux pour l'achat de fonds de commerce, de s'entendre avec les patrons ou gérants de grands établissements pour faire renvoyer les employés, après avoir perçu la prime, de manière à la toucher de nouveau.

La Commission du Sénat examina tous ces abus ; elle

(1) Nous nous sommes heurté nous-même à la mauvaise volonté de l'administration de la Bourse du travail. Nous avions fait une démarche personnelle à la Bourse du travail afin de connaître les résultats de la loi qui avaient pu y être constatés. Il nous a été répondu « qu'ils gardaient pour eux les renseignements ou statistiques qu'ils recueillaient ».

(2) Rapport de M. Aucoin, p. 4.

demanda aux tenanciers des bureaux de placement payants
ce qu'ils avaient à répondre à de telles accusations.

Les tenanciers des bureaux payants protestèrent tous
avec énergie contre ces accusations, affirmant qu'on mettait à leur charge des faits commis par des bureaux clandestins. Ils reconnurent cependant que quelques placeurs
avait exigé quelquefois un droit d'inscription de deux
francs pour contraindre ceux qui demandaient un emploi
à revenir chez eux, mais ils ajoutèrent qu'ils leur avaient
tenu compte de cette provision sur la prime touchée lorsque la place avait été donnée et qu'ils la leur avaient restituée lorsque l'emploi n'avait pas été procuré. Ils affir-
mèrent qu'ils n'avaient jamais mis les bonnes places aux
enchères ; qu'ils n'avaient pas davantage attiré à Paris
un nombre d'ouvriers supérieur aux besoins de l'industrie,
qu'ils n'y avaient aucun intérêt et qu'en les accusant on
les rendait responsables de faits qui étaient le résultat
des expositions, ou des vides produits tous les ans dans la
capitale par le départ, pendant la saison d'été, d'un grand
nombre de garçons de café, de restaurant et d'hôtel et
autres. Ceux-ci abandonnent momentanément leurs places avec l'espoir de gagner, dans les stations thermales,
des salaires plus élevés. Le désir bien légitime d'un grand
nombre de travailleurs de province qui, sans y être solli-
cités, se rendent à Paris, pour s'y perfectionner ou pour
obtenir une plus forte rémunération, concourt au même
résultat. Ils soutinrent qu'ils n'avaient jamais placé de préférence ceux qui, plus tard, pouvaient s'adresser à eux
pour l'achat d'un fonds de commerce, et que surtout ils
n'avaient jamais commis la faute très lourde de s'entendre
avec les patrons et gérants de certains établissements pour
toucher de nouvelles primes en faisant renvoyer des em-

ployés qu'ils avaient déjà placés; qu'agir de la sorte serait agir malhonnêtement et compromettre pour un bénéfice peu important le bon renom de leurs bureaux qui ne peuvent prospérer que par la loyauté de leurs opérations.

M. Aucoin, qui résume, dans son rapport (1), les dépositions des placeurs à ce sujet, mentionne que, sur cette question, le tenancier d'un bureau payant, qui s'occupait exclusivement du placement des garçons de café et de restaurant, avait reconnu qu'une fois, accusé d'un fait semblable, il avait été appelé chez le préfet de police auprès duquel plainte avait été portée, et que, devant ce fonctionnaire, après avoir nettement protesté, il avait demandé que la preuve fût faite, que cette preuve n'avait pas été rapportée, ce qui résultait assurément de ce que l'autorisation lui avait été maintenue. M. Aucoin signale aussi la déposition du président des syndicats patronaux de l'alimentation qui, interrogé sur ce qu'il pensait d'une telle accusation, répondit qu'il l'avait entendu formuler plusieurs fois, mais que la preuve n'en avait jamais été faite et que pour son compte il ne la croyait pas fondée (2).

La Commission du Sénat, au cours de son enquête, put ainsi reconnaître que les accusations portées contre les bureaux de placement n'étaient pas prouvées, mais que tous ceux qui avaient parlé devant la Commission, à l'exception des placeurs, étaient partisans de la suppression de ces bureaux. Le conseil municipal de Paris et le Conseil général de la Seine notamment, avaient formulé un avis très net en ce sens.

(1) Rapport de M. Aucoin, p. 8 et 9.
(2) Rapport de M. Aucoin, p. 9. — Peut-être, ajoute M. Aucoin, la justification de ces reproches eût-elle été apportée si les syndicats de la Bourse du travail avaient consenti à se rendre près de la Commission.

Dans ces conditions, avant de procéder à l'examen de la proposition de loi, article par article, il parut préférable de connaître les sentiments de chacun des membres de la Commission ; pour leur permettre de les manifester, les quatre questions suivantes furent mises aux voix :

Première question. — Les bureaux de placement payants doivent-ils être maintenus ?

La Commission, par 7 voix contre 2, décida que les bureaux de placement payants ne devaient pas être maintenus.

Et encore l'un des partisans du maintien avait subordonné son vote favorable à la condition que les règlements seraient modifiés.

Deuxième question. — Les bureaux de placement doivent-ils être supprimés avec ou sans indemnité ?

La Commission, à l'unanimité, se prononça pour l'indemnité.

Troisième question. — La suppression sera-t-elle obligatoire ?

La Commission, par 6 voix contre 3, décida que la suppression serait obligatoire.

Quatrième question. — La suppression sera-t-elle facultative ?

La Commission, par 9 voix, décida que la suppression serait facultative (1).

Conformément au vote de la Commission sur ces quatre questions, M. Aucoin présenta un contre-projet qui maintenait sans changement les articles 2, 3, 4, 5, 6, 7, 8, 9 et 10 de la proposition votée par la Chambre des députés, et modifiait seulement les articles 1, 11 et 12 de la manière suivante :

(1) Rapport de M. Aucoin, n° 344, p. 5.

L'article 1, dont nous avons donné le texte plus haut (1), était, dans ce contre-projet, ainsi conçu : « A partir de la promulgation de la présente loi, les bureaux de placement payants pourront être supprimés moyennant une juste indemnité.

« Aucune autorisation de bureau de placement payant nouveau ne sera accordée. Toutefois, le bureau devenu vacant par le décès du titulaire ou pour toute autre cause, avant l'arrêté de suppression, pourra être transmis et cédé. »

L'article 11 de la proposition (2) se trouvait dans le contre-projet, ainsi modifié : « 1° A partir de la promulgatioe de la présente loi, un arrêté pris à la suite d'une délibération du conseil municipal pourra, à charge d'une indemnité représentant le prix de vente de l'office et qui, à défaut d'entente, sera fixée par le Conseil de préfecture, rapporter les autorisations données en vertu du décret du 25 mars 1852.

« 2° Les bureaux faisant le placement pour une même profession déterminée devront être supprimés tous à la fois par un même arrêté municipal.

« 3° Les indemnités aux tenanciers des bureaux de placement seront à la charge des communes. L'Etat et le département contribueront toutefois aux dépenses, d'après le barème suivant, par parts égales :

Bureaux supprimés dans un délai de deux ans : 20 0/0.

Bureaux supprimés les troisième et quatrième années : 15 0/0.

Bureaux supprimés la cinquième année : 10 0/0.

(1) Voir *suprà*, p. 100.
(2) Voir *suprà*, p. 102.

4° En cas de décès du titulaire avant l'arrêté de suppression, l'indemnité sera due aux ayants droit, et leur sera payée lorsque l'arrêté de suppression aura été pris.

« 5° Les indemnités seront à la charge exclusive des communes, lorsque la suppression des bureaux aura lieu après les cinq ans. »

Le contre-projet, maintenant le placement payant n'avait pas voulu cependant le laisser pratiquer sans restrictions, et il édictait certaines prescriptions pour mettre de suite un terme aux abus qui avaient été signalés. Ces prescriptions se trouvaient dans trois articles qui prenaient les numéros 12, 13 et 14. En voici le texte :

Art. 12. — A partir de la promulgation de la présente loi, toute prime fixée à tant pour cent par an, six mois, trois mois, quinzaine, semaine, payée aux bureaux de placement payants sera réduite proportionnellement à la durée de l'emploi procuré, lorsque cette durée n'aura pas dépassé trois mois dans le premier cas, deux mois dans le second, douze jours dans le troisième, neuf jours dans le quatrième et quatre jours dans le cinquième ; par suite, l'employé aura le droit d'exiger la restitution de la part perçue en trop.

« Art. 13. — La perception d'un droit d'inscription préalable est interdite. Le versement d'une avance dont le maximum est fixé par l'autorité municipale peut être fait à titre de dépôt, et est remboursable en cas de non-placement.

« Les droits de placement sont fixés par profession.

« Art. 14. — Toute offre moyennant rétribution d'un emploi imaginaire faite sous quelque forme que ce soit, toute manœuvre d'un placeur ayant pour but de faire perdre à l'employé la place qu'il lui aurait procurée, seront punies des peines portées à l'article 405 du Code pénal.

« Tout placeur qui se sera entremis pour adresser des personnes en quête d'emploi, même majeures, à des maisons de débauche, sera puni des peines portées à l'article 334 du Code pénal. »

Enfin l'article 12 de la proposition votée par la Chambre devenait l'article 15 du contre-projet, du moins pour partie, car cet article 15 du contre-projet contenait au troisième alinéa relatif aux agences théâtrales, agences lyriques et agences pour cirques et music-halls ; il était par suite rédigé ainsi :

« Art. 15. — Sont et demeurent abrogées toutes les dispositions contraires à la présente loi.

« Les bureaux des nourrices ne sont pas visés par la présente loi et restent soumis aux dispositions de la loi du 23 décembre 1874 relative à la protection des enfants du premier âge.

« Les agences théâtrales, les agences lyriques et les agences pour cirques et music-halls ne sont pas soumises aux prescriptions de la présente loi, si ce n'est à celles édictées par les articles 12, 13, 14. »

Pour justifier la modification apportée à l'article 1er de la proposition votée par la Chambre des députés, M. Aucoin explique, dans son rapport, que la Commission avait voté à l'unanimité la suppression des bureaux de placement payants, mais à deux conditions : la première, c'est qu'elle serait facultative, et la seconde, qu'elle n'aurait lieu que moyennant une juste indemnité.

Les raisons, qui l'avaient déterminée à voter la suppression, n'étaient pas seulement les abus qui avaient été reprochés aux bureaux payants. L'enquête ne les avait pas établis : toutes les personnes entendues avaient reproduit les mêmes reproches, mais aucune n'en avait fourni la justification. En dehors de l'enquête, il est vrai, il résultait des documents communiqués à la Commission que quelques-uns des tenanciers de bureaux payants avaient reconnu s'être rendus coupables de quelques abus, mais en présence de tels faits et si la preuve en avait été fournie, c'était à l'administration à prendre des mesures, à retirer l'autorisation à ceux qui n'en étaient plus dignes, mais à la maintenir à ceux qui avaient exécuté en honnêtes gens les conditions qui leur avaient été prescrites et si elle voulait garantir l'avenir, à imposer à tous des règlements plus sévères. La justice ne recommande-t-elle pas, dit M. Aucoin (1), de ne frapper que les coupables ? La Commission ne pouvait prendre prétexte des fautes de quelques-uns pour frapper de la même suppression ceux qui avaient exercé loyalement leurs fonctions et ceux qui avaient mérité des reproches.

Les faits, non contestés, qui ont dicté à la Commission du Sénat la détermination qu'elle a prise sont les suivants : Les placeurs ont le droit de percevoir, après le huitième jour, sur les salaires, une prime calculée à tant pour cent par an, six mois, trois mois, un mois, une quinzaine, une semaine, suivant la profession, alors même que l'employé ne serait resté que très peu de temps à la place procurée. De plus ils ont le droit de percevoir la même prime autant de fois que l'employé a été déplacé pendant ce même laps de temps si un autre emploi lui a été donné. On ne pouvait cependant pas leur reprocher de percevoir de telles primes puisqu'ils ne les touchaient qu'en vertu de l'arrêté d'autorisation. Mais si ces primes perçues ne sont que la rémunération de leurs démarches, elles n'en sont pas moins oné-

(1) Rapport de M. Aucoin, p. 10.

reuses pour celui qui les paie, lorsqu'elles sont surtout prélevées sur le salaire modique de travailleurs sans grandes ressources. Aussi est-il juste de les en affranchir, disait M. Aucoin (1). Pour le démontrer, ajoutait-il, certains rappellent un article de la Déclaration des droits de l'homme de 1793 qui édicte « que la société a le devoir de donner gratuitement du travail à ceux qui en manquent ». La Commission du Sénat pensa que, s'il ne lui était pas toujours possible de le remplir, la société devait cependant prendre des mesures pour que le travail soit donné gratuitement, pour qu'il ne fut prélevé aucun droit sur le salaire et que le chômage qui produit la misère chez l'ouvrier ne devint pas une cause de prospérité pour des autres. C'est de ces considérations que la Commission du Sénat s'inspira pour voter la suppression des bureaux de placement payants, heureuse de trouver ainsi, dit M. Aucoin, l'occasion de témoigner aux humbles et aux petits l'intérêt qu'elle leur porte et son désir d'améliorer leur sort.

Ainsi que le fait très justement observer M. Aucoin dans son rapport, après avoir fait connaître les considérations qui ont déterminé la Commission, on pourrait peut-être se demander pourquoi, alors qu'il était facile de constater depuis longtemps la fâcheuse situation faite à l'ouvrier par le prélèvement des droits sur son salaire, le Parlement a mis tant de temps à y porter remède. C'est que le Parlement avait cru qu'en favorisant l'établissement de bureaux de placement gratuits, tout en maintenant ceux payants, on remédierait à cette situation en laissant à chacun le droit de s'adresser à qui il voudrait. Mais il semblait que l'expérience eût donné tort à ses prévisions, au moins pour

_____

(1) Rapport de M. Aucoin, p. 11.

Paris, car on constatait, alors qu'il existait depuis quelques années des bureaux de placement gratuits, que les bureaux payants avaient à peu près conservé la même clientèle. Cela du reste se comprenait, d'abord parce que les patrons ne payant pas le service qu'ils demandaient n'avaient aucun intérêt à s'adresser aux bureaux gratuits, ensuite parce qu'ils préféraient continuer des relations d'affaires avec des bureaux dont ils n'avaient eu qu'à se féliciter, et de plus parce qu'ils étaient convaincus que ceux qui géraient les bureaux gratuits n'avaient pu encore acquérir la même expérience et étaient plus soucieux de placer ceux qui s'adressaient à eux que de s'enquérir de leur passé et de leurs aptitudes. Aussi était-il permis de penser que les bureaux gratuits ne pourraient donner tous les avantages qu'on en attendait, que lorsque les bureaux payants auraient disparu, d'autant plus que le travailleur qui n'avait pas trouvé d'emploi dans les bureaux gratuits ne pouvait s'empêcher, dans certaines circonstances, d'en demander aux autres (1).

La Commission décidait donc leur suppression.

Mais la Commission du Sénat déclarait en même temps que les bureaux ne devaient pas être victimes de la suppression, et que, par conséquent, ils avaient droit à une juste indemnité.

L'article 545 du Code civil édicte que « nul ne peut être contraint de céder sa propriété si ce n'est pour cause d'utilité publique et moyennant une juste et préalable indemnité ». La Commission n'emprunta à cet article qu'une partie ; elle n'exigea pas que l'indemnité fût préalable, pour éviter les conséquences fâcheuses de délais nécessai-

____

(1) Rapport de M. Aucoin, p. 11 et 12.

res en cas de contestation, pour déterminer l'indemnité, mais elle voulut que cette indemnité fût juste (1) et, dans l'article 11 elle indiqua ce que ce mot signifiait pour elle (2).

Le principe admis, la Commission décida que tous les bureaux sans exception auraient droit à une indemnité s'ils étaient supprimés.

Le président et les délégués du conseil municipal de Paris, le président et les délégués du Conseil général de la Seine avaient soutenu que les bureaux de placement supprimés n'avaient droit à aucune indemnité, parce qu'ils n'existaient qu'en vertu d'une autorisation donnée par l'Administration et que celle-ci avait toujours le droit de retirer ; que, dans le cas où le principe d'une indemnité serait admis il devait être fait tout au moins une distinction entre les placeurs qui tiendraient encore leurs bureaux à la suite d'une autorisation et les placeurs qui auraient acquis leurs bureaux : à ces derniers seuls une indemnité serait due.

M. Aucoin ne rapporte pas toutes les raisons qu'ont fait valoir les membres de la Commission pour repousser cette opinion, mais il indique le motif principal qui avait déterminé la Commission à décider qu'une indemnité était due à tous les bureaux de placement supprimés, c'est que l'autorisation donnée pour réglementer leur industrie ou commerce n'avait pu les priver d'un droit qu'ils tenaient de l'article 7 de la loi de 1791 qui a proclamé la liberté du commerce et de l'industrie, et que ce droit à l'indemnité résultait de l'arrêté même d'autorisation qui leur donne celui de vendre leur office à ceux qui seront agréés par

(1) Rapport de M. Aucoin, p. 13.
(2) Article 11, § 1 du contre-projet et rapport de M. Aucoin, p. 14.

l'Administration, clause qui ne permet pas de distinguer ceux qui possèdent encore en vertu de l'autorisation, de ceux qui détiennent par acquisition, les uns et les autres ayant la même situation et les mêmes droits (1).

La Commission décida ensuite que la suppression qu'elle édictait ne serait que facultative, et elle donnait de cette décision deux raisons (2) :

La première, c'est qu'il ne lui paraissait pas possible d'obliger les municipalités à payer une indemnité lorsque les bureaux de placement payants établis dans leur commune rendaient des services et n'étaient l'objet d'aucune plainte. Il y a en effet des communes qui n'ont pas trop de ressources et auxquelles il serait dur d'imposer la charge de payer une indemnité à des bureaux dont personne ne demandait la suppression ;

La deuxième, c'est qu'il pouvait se rencontrer des cas où certains bureaux payants ne pourraient être remplacés sans préjudice pour tous. Il est en effet des bureaux de placement qu'il sera très difficile de remplacer. A Paris, par exemple, il sera facile pour certaines catégories d'ouvriers ou de professionnels, de suppléer par les syndicats ouvriers, les sociétés de secours mutuels, etc. à la disparition des bureaux payants, par exemple pour l'alimentation ; il en est d'autres pour lesquelles il sera impossible, ou du moins très difficile de former des syndicats pour assurer gratuitement des emplois. Pour les domestiques attachés à la personne qui sont à Paris les plus nombreux, et pour les maîtres qui les emploient, on ne voit pas comment ils se syndiqueraient et quel intérêt ils auraient à

(1) Rapport de M. Aucoin, p. 17.
(2) Rapport de M. Aucoin, p. 12.

le faire (1). « Pourquoi donc, concluait M. Aucoin après avoir exposé tous ces motifs, ne laisserait-on pas aux communes le soin de supprimer seulement les bureaux qu'elles pourront facilement remplacer ou qui ne méritent pas d'être maintenus. ».

Dans un deuxième alinéa de l'article 1er qu'elle proposait, la Commission maintenait la défense de créer à l'avenir, de nouveaux bureaux de placement payants, mais elle rejetait la partie de l'article 1er voté par la Chambre des députés, relative aux agences théâtrales ou lyriques (2), et elle ajoutait une disposition nouvelle en vertu de laquelle le bureau devenu vacant par le décès du titulaire ou pour toute autre cause avant l'arrêté de suppression, pourrait être transmis et cédé. La Commission s'était préoccupée de la situation d'un bureau devenu vacant avant ou après la promulgation de la loi, alors que l'arrêté de suppression ne devait être pris que bien longtemps après ; elle avait pensé qu'il ne serait pas équitable de laisser le bureau inoccupé peut-être pendant un certain nombre d'années (3).

Le contre-projet de M. Aucoin n'apportait aucun changement aux articles 2, 4, 5, 6, 7, 8, 9 et 10, et la Commission les avait adoptés à l'unanimité ; mais un contre-pro-

(1) Voir rapport de M. Aucoin, p. 13. — « Les domestiques, en louant leurs services, disait le rapporteur, n'ont qu'un désir, c'est de trouver une place où ils resteront longtemps, et les maîtres qui les prennent, celui de les garder toujours ; ensuite, alors que leur présence est exigée à tous les instants, comment trouveront-ils le temps de se rendre à des réunions syndicales et quel intérêt auront-ils à en faire partie, lorsque pour y être admis, il faut payer une cotisation. » Et plus loin il ajoutait : « On pourrait en dire autant des bureaux de placement des institutrices et dames de compagnie et autres. »

(2) Rapport de M. Aucoin, p. 5, 14 et p. 22 à 25.

(3) Rapport de M. Aucoin, p. 14.

jet présenté le 11 novembre 1903 par M. Félix Martin contenait, dans son article 1er, un second alinéa d'après lequel
« tout tenancier, gérant, employé d'un bureau clandestin
serait puni des peines portées à l'article 9 ». La Commission adopta le texte de cette disposition, mais elle l'incor-
pora à l'article 9 de sa proposition, où il forma un quatrième alinéa.

Sur les articles 2, 3, 4, 5, 6, 7, 8 et 10 adoptés sans
changement par la Commission, il n'y a aucune observation à faire.

L'article 11 de la proposition votée par la Chambre su-
bissait des modifications importantes puisque le contre-
projet supprimait deux alinéas et en ajoutait deux autres.
M. Aucoin exposait longuement dans son rapport (1) les
motifs de ces modifications qui paraissent avoir suscité
dans la Commission de vifs débats.

Le premier paragraphe (2) était maintenu tel que, mais
la Commission n'avait adopté les mots : « à charge d'une
indemnité représentant le prix de vente de l'office » qu'à
la condition que le prix de vente ne figurât dans cet article que comme un des éléments qui permettraient de fixer
l'indemnité, ainsi que l'avait déclaré d'ailleurs le rapporteur de la Chambre des députés.

Le deuxième paragraphe de la proposition votée par la
Chambre des députés, décidant qu'en aucun cas l'indemnité ne pourrait dépasser le bénéfice total des trois exercices antérieurs à la promulgation de la présente loi, fut
rejeté par la Commission, qui n'admit pas que le législateur eût le droit, sans se rendre coupable d'une confusion
de pouvoirs, de limiter les juges dans leur appréciation,

(1) Rapport de M. Aucoin, p. 14 à 20.
(2) Voir *suprà*, p. 83 et 110.

et de leur imposer l'obligation de ne pas dépasser un certain chiffre comme montant de l'indemnité, alors qu'ils reconnaîtraient que ce chiffre est inférieur à celui qui devrait être dû (1).

La Commission, en supprimant cette disposition voté par la Chambre des députés, voulait surtout éviter de se mettre en contradiction avec le principe qu'elle avait proclamé dans l'article 1er du contre-projet, et d'après lequel la suppression ne pouvait avoir lieu que moyennant une juste indemnité.

Quant à déterminer quand l'indemnité serait juste : « Il ne nous appartient pas de le dire, laissons au juge le soin de la déterminer. Toutefois nous pouvons dire que, selon nous, disait M. Aucoin (2), pour que l'indemnité soit juste, elle doit être la réparation du préjudice porté. Quel est ce préjudice? Comment le dire puisqu'il variera avec chaque espèce ? »

La Commission exprimait ainsi très nettement sa volonté de laisser au conseil municipal, en cas d'entente amiable, et au conseil de préfecture, à défaut d'entente, le soin de fixer le montant de l'indemnité qui serait due au tenancier du bureau supprimé. Et cette règle devait

(1) M. Aucoin cite un exemple qui fera comprendre, dit-il, pourquoi a Commission n'a pu accepter que le total des bénéfices des trois derniers exercices ne soit pas dépassé : « Une personne gère depuis de longues années un bureau de placement, qui lui rapporte par an un revenu de mille, douze ou quinze cents francs ; elle vit avec ce revenu. Privée de ce bureau, suffira-t-il de lui allouer le revenu d'un an multiplié par trois pour déterminer l'indemnité qui lui sera due ? Qui déclarerait que cette indemnité réparerait le préjudice qu'elle a subi ? Mais c'est la misère qui lui serait imposée par l'application d'une loi qui n'a cependant d'autre but que de l'éviter dans une certaine mesure à ceux qui pourraient en souffrir. »

(2) Rapport de M. Aucoin, p. 15.

s'appliquer aussi aux propriétaires des locaux loués aux placeurs par suite de la résiliation des baux, et aux employés des bureaux supprimés, s'ils avaient une indemnité à réclamer.

A l'occasion de cette indemnité, en effet, la Commission avait examiné la question de savoir ce que deviendraient les baux passés par les tenanciers des bureaux de placement? La suppression y mettrait-elle fin? A la Chambre des députés, le rapporteur, interrogé sur ce point, avait déclaré que la suppression de l'autorisation mettant fin à l'existence du bureau, les baux devaient prendre fin avec les bureaux pour lesquels ils avaient été passés.

M. Aucoin exprima le regret que le rapporteur de la Chambre des députés n'ait point fait consacrer son opinion par un vote, d'autant plus qu'il n'en est pas ainsi en matière de faillite, et que l'article 1734 du Code civil édicte que « le bail ne prend fin, ni par le décès du preneur ni par celui du bailleur ». Nous pourrions regretter à notre tour que M. Aucoin ait oublié que la suppression des bureaux sans indemnité par ordre de l'autorité ne pouvait, en droit, laisser subsister aucune obligation à la charge de ces bureaux ou de leurs tenanciers dépossédés par force majeure.

La décision, admise dans le contre-projet, de ne supprimer les bureaux que moyennant une juste indemnité, allait avoir pour conséquence d'ailleurs de faire déduire une solution équitable de cette erreur de principes.

La Commission pensa qu'elle ne devait apporter aucune modification aux règles générales du droit commun, et par suite imposer un préjudice à un propriétaire qui n'avait commis aucune faute et auquel il ne serait dû aucune indemnité. Aussi elle fut d'avis que les baux qui, à l'épo-

que de l'arrêté de suppression ne seraient pas arrivés à
terme, pourraient être un des éléments pour la fixation
de l'indemnité, tout en invitant le juge à rechercher si les
locaux loués ne continueraient pas à servir aux placeurs
pour leurs agences d'achat et vente de fonds de commerce,
à s'enquérir de l'époque à laquelle ces baux avaient été
passés et si les prix indiqués n'avaient pas été majorés en
vue d'une suppression prochaine (1).

La Commission avait examiné aussi la situation des employés des bureaux supprimés et elle avait déclaré qu'ils
n'avaient droit à aucune indemnité, car ce n'était pas à
eux qu'on retirait une autorisation donnée. En matière
d'expropriation pour cause d'utilité publique, n'ont droit à
l'indemnité que ceux qui sont privés de tout ou partie
d'une propriété et ceux qui ont des droits sur la chose expropriée, tels que l'usufruitier, le fermier, le locataire.
Mais, jusqu'à présent, disait M. Aucoin, nous n'avons jamais compris que les ouvriers ou employés d'une usine
expropriée aient un droit quelconque à une indemnité. Ce
n'est pas que l'expropriation ne leur porte pas préjudice,
ajoutait-il, mais pour que ce préjudice puisse donner droit
à une indemnité il faut qu'il résulte directement de l'expropriation (2).

Le rapporteur signale que cette double question fut de
nouveau soumise à la discussion à la suite de renvoi à la
Commission d'un deuxième contre-projet qui fut présenté
par M. Félix Martin, sénateur, dans la séance du Sénat du
jeudi 10 décembre 1903 (3).

(1) Rapport de M. Aucoin, p. 13.
(2) Rapport de M. Aucoin, p. 30.
(3) Rapport de M. Aucoin, p. 29.

Ce deuxième contre-projet fut rejeté après un rapide examen qui permit de constater qu'il n'était que la reproduction du premier contre-projet déjà rejeté (1), mais l'attention de la Commission dut se porter sur un amendement, contenu dans le paragraphe 3 du nouvel article 2, qui ne lui avait pas encore été soumis et qui était ainsi rédigé : « Un règlement d'administration publique déterminera les mesures d'application de la présente loi en ce qui concerne les indemnités auxquelles pourront avoir droit : 1° les employés des bureaux supprimés ; 2° les propriétaires des locaux loués aux placeurs par suite de la résiliation des baux. »

La Commission avait déjà formulé son opinion au sujet des baux et des droits des employés des bureaux supprimés, mais elle n'avait pas eu à examiner la question de savoir si on devait recourir à un règlement d'administration publique pour déterminer les indemnités qui pourraient être dues à telle ou telle personne. Elle ne fut pas d'avis, après avoir examiné cette question, qu'il fut utile de recourir à un règlement d'administration publique. Dans bien des cas, le règlement est nécessaire pour interpréter certaines lois et entrer dans les détails d'application qui n'ont pu figurer dans un texte législatif. Mais, dans la question qui nous occupe, dit M. Aucoin, la Commission ne pouvait croire que l'on put demander au Conseil d'Etat un règlement d'administration publique pour dire quelles personnes ont droit à une indemnité. Si les employés des bureaux supprimés, ajoutait le rapporteur, croient y avoir droit, rien ne les empêchera de formuler une demande devant le Conseil de préfecture, qui statuera

____

(1) Voir *suprà*, p. 109 et rapport de M. Aucoin, p. 25 à 29.

sur le mérite de leur action,et dans le cas où il la rejettera
de faire appel au Conseil d'Etat qui alors dira si leur réclamation est fondée, et. s'il la reconnaît telle, fixera les
dommages-intérêts qui leur sont dus (1).

La volonté de la Commission étant donc de laisser au
juge tout pouvoir d'appréciation pour déterminer les
ayants droit à une indemnité et pour fixer cette indemnité, le deuxième paragraphe de la proposition votée par
la Chambre des députés se trouvait en contradiction avec
cette volonté, et, par suite, la Commission en décida la
suppression pure et simple, le paragraphe premier devant
suffire pour indiquer tous les principes qui devaient régir
la fixation de l'indemnité.

Mais l'intervention du gouvernement, dans la Commission, montra que ce paragraphe premier n'était pas suffisant.

Le président du Conseil des ministres et le ministre du
commerce avaient exprimé, devant la Commission, la
crainte que, si les communes étaient seules juges de la
mesure à prendre, des bureaux établis dans certaines
communes ne profitassent de la clientèle qui s'adressait
aux bureaux supprimés dans des communes limitrophes :
ils étaient convaincus, par exemple, que les bureaux existants dans les communes de la banlieue de Paris attire-
raient à eux une partie de la clientèle jusque-là desservie
par les bureaux supprimés dans Paris, et qu'à raison de
cette prospérité, les communes suburbaines de la capitale
ne voudraient pas les supprimer, d'abord parce qu'elles
profiteraient dans une certaine mesure du passage ou des
séjours de ceux qui viendraient demander ou offrir des

____

(1) Rapport de M. Aucoin, p. 30 et 31.

emplois, et ensuite parce que l'indemnité qu'elles devraient payer plus tard serait devenue trop forte.

A la suite de cet avertissement, la Commission s'était demandée par quelles prescriptions il serait possible d'empêcher les bureaux de placement payants de profiter de la clientèle des bureaux supprimés dans les communes limitrophes, comme celles de Paris, sans interdire les placements en dehors de la commune, défense qui ne leur était pas faite par les autorisations données (1).

Après plusieurs propositions, la Commission décida d'incorporer à l'article 11 un deuxième paragraphe ainsi conçu : « Les indemnités dues aux bureaux de placement payants supprimés dans un délai de cinq années seront fixées d'après l'état des bureaux à l'époque de la promulgation de la présente loi. »

C'est par cette disposition que le paragraphe 2, voté par la Chambre des députés pour limiter le montant de l'indemnité à attribuer aux bureaux supprimés, fut remplacé.

Le paragraphe 3 fut maintenu sans modifications.

Le président et les délégués du conseil municipal de Paris, le président et les délégués du Conseil général de la Seine avaient fait remarquer qu'il serait prudent d'édicter que l'indemnité serait déterminée en se plaçant à l'époque de la promulgation de la loi, et non à celle de l'arrêté de suppression, pour que les bureaux maintenus ne puissent pas profiter de la disparition des autres et augmenter ainsi le chiffre des bénéfices qui pourraient leur donner droit à une plus forte indemnité. Mais M. Aucoin répond dans son rapport, que : « Les craintes exprimées n'étaient pas fondées, du moins pour Paris, parce que tou-

(1) Rapport de M. Aucoin, p. 31, 32, 33 et 34.

tes les autorisations données aux bureaux de placement
ne l'étaient que pour des professions déterminées, de sorte
qu'une fois que, conformément à la disposition du paragraphe 3 de cet article 11, on aurait supprimé tous les
bureaux d'une certaine catégorie, ceux qui continueraient
à fonctionner ne pourraient en tirer bénéfice, puisqu'ils
n'auraient été et ne pourraient être autorisés à en faire le
placement. Pour ces raisons, conclut le rapporteur (1), il a
paru inutile à votre Commission de modifier le texte de la
Chambre des députés. »

Le paragraphe 3 de ce texte fut ainsi maintenu ; M. Aucoin, dans son contre projet, en avait fait le paragraphe 2 (2), mais, à la suite de l'adjonction du paragraphe 2
ci-dessus voté par la Commission après l'intervention du
gouvernement, le paragraphe, qui nous occupe, reprit son
numéro 3.

Le paragraphe 4 du texte de la Chambre des députés
fut supprimé par la Commission du Sénat parce que ces
dispositions étaient insérées dans la proposition de loi, en
substituant la faculté à l'obligation. Le paragraphe 5 est
ainsi devenu le paragraphe 3 du contre-projet, puis, après
l'adjonction du paragraphe précédent, il a pris le n° 4
dans la proposition de la Commission.

La Commission admit que les indemnités devaient être
à la charge des communes, parce que c'était principalement dans l'intérêt de ses habitants que ces bureaux étaient
autorisés.

Le président et les délégués du conseil municipal de
Paris, le président et les délégués du Conseil général de
la Seine avaient fait observer qu'en admettant qu'il fût dû

(1) Rapport de M. Aucoin, p. 18.
(2) Voir *supra*, p. 110.

une indemnité, elle ne pouvait être réclamée au conseil municipal de Paris qui, à raison de la législation particulière qui le régit, n'élit pas le fonctionnaire qui donne les autorisations aux bureaux de placement. Mais M. Aucoin fait observer que le conseil municipal de Paris est comme tous les autres conseils municipaux de France, qui pas plus que lui n'ont à intervenir pour donner l'autorisation. Les maires des communes, comme le préfet de police à Paris, accordent l'autorisation en vertu de droits à eux attribués par la loi et non concédés par le conseil. Le conseil municipal de Paris représente la commune de Paris et les bureaux de placement payants ayant été établis à Paris dans l'intérêt de ses habitants, par conséquent de la commune, le conseil municipal, disait M. Aucoin, doit supporter les charges qui incombent à celle-ci (1).

Mais la Commission avait aussi reconnu que les bureaux servaient à tous ceux qui venaient dans les villes pour y chercher un travail plus rémunérateur et qu'à ce titre le département devait contribuer au payement de l'indemnité dans une certaine proportion.

La Commission décida aussi qu'une partie de cette indemnité devait être à la charge de l'Etat, non seulement parce que ces bureaux de placement servaient aux habitants de tous les départements, mais parce qu'il y avait un intérêt général à prendre une mesure qui libérait le salaire de toute redevance et pouvait favoriser l'apaisement dans une partie du corps social (2).

La Commission, considérant combien allait être lourde pour les communes la nouvelle charge qui leur était imposée et combien était faible celle que la Chambre des

(1) Rapport de M. Aucoin, p. 17.
(2) Rapport de M. Aucoin, p. 18.

députés avait mise au compte des départements et de l'Etat,
avait augmenté leur quote-part en la fixant à 40, 30 et
20 0/0.

Mais le président du Conseil et le ministre du commerce, quand ils se rendirent dans la Commission, l'invitèrent à ne pas maintenir l'augmentation de la contribution de l'Etat et du département votée par elle et à bien vouloir adopter le barème de la Chambre des députés, afin d'éviter des difficultés de la part du ministre des finances. Celui-ci, dans l'intérêt du Trésor, s'opposerait à ce que la quote-part de l'Etat fut aussi forte, et ce serait peut-être aussi l'avis de la Commission des finances du Sénat.

A la suite de cet avis, la Commission avait mis aux voix de nouveau la question de savoir si la Commission voulait maintenir la quotité votée pour déterminer la contribution de l'Etat et du département. 4 voix votèrent pour le maintien, 5 contre, de sorte que le texte du contre-projet déjà voté par la Commission fut modifié dans ce sens, et il fut décidé que ce paragraphe reproduirait le barème voté par la Chambre des députés.

A l'article 11, la Commission ajouta ensuite deux paragraphes (4 et 5 du contre-projet, 5 et 6 de la proposition définitive présentée au Sénat).

Le cinquième paragraphe (4 du contre-projet) décidait qu'en cas de décès du titulaire, avant l'arrêté de suppression, l'indemnité serait due à ses ayants droit et leur serait payée après l'arrêté.

Par cette disposition, la Commission avait voulu prévoir la vacance d'un bureau par suite d'un décès survenu, non plus de suite après la promulgation de la loi, mais un an ou quelques mois avant le retrait de l'autorisation, c'est-à-dire à une époque où il ne serait plus possible de le transmettre, et comme il serait injuste que les ayants droit fussent privés de l'indemnité parce que le bureau n'existerait plus lors de l'arrêté de suppression,elle pensa qu'il était bon, pour éviter toute difficulté,de déclarer que le droit à l'indemnité était maintenu.

Le sixième paragraphe (5 du contre-projet) décidait que les indemnités seraient à la charge exclusive des communes lorsque la suppression des bureaux aurait lieu après cinq ans.

Il est permis de supposer, disait le rapporteur, que, si une commune a laissé passer cinq ans à partir de la promulgation sans supprimer les bureaux de placement, elle a eu l'intention de les maintenir, soit parce qu'ils rendent des services, soit parce qu'elle a pensé qu'elle pourrait les faire disparaître sans être obligée de payer une indemnité,par la création de bureaux municipaux gratuits. Si, plus tard, cependant, la commune voulait les supprimer, on devait lui laisser la charge exclusive de l'indemnité si on voulait que le délai de cinq ans, avec la quote part décroissante de l'État et du Conseil général, produise les effets cherchés (1).

Les articles 12, 13 et 14 avaient été ajoutés par la Commission dans le but de mettre de suite un terme à quelques-uns des abus qui étaient reprochés aux bureaux de placement.

L'article 12 reproduisait une disposition que le Sénat avait adoptée dans la proposition renvoyée à la Chambre des députés le 30 janvier 1902, disposition en vertu de laquelle les droits de placement ne seraient dus qu'après un placement réellement effectué et qui aurait duré, pour cha-

____

(1) Rapport de M. Aucoin, p. 19 et 20.

que profession et suivant l'usage des localités, un temps
déterminé par l'autorité municipale. La Commission es-
tima que cette disposition, qui paraissait suffire lorsqu'on
opposait aux bureaux payants la création de bureaux gratuits, pouvait n'être plus assez efficace dans les circonslan-
ces où l'on se trouvait, si on laissait aux municipalités le
soin de déterminer la durée du placement qui donnerait
droit à la prime ; en conséquence la Commission décida de
remplacer cette disposition par l'article 12 dont nous avons
donné le texte plus haut (1) et qui fixait légalement dans
quel cas la prime serait acquise. La Commission voulait par
cet article, modifier des droits qui deviennent trop élevés
lorsqu'ils permettent aux bureaux payants de toucher la
prime autant de fois que les déplacements ont lieu dans
un court laps de temps (2).

Les articles 13 et 14 reproduisaient les articles 10 et 12
de la proposition de loi adoptée par le Sénat le 30 janvier 1902. Ils avaient pour but également de prévenir
certains faits reprochés à des tenanciers (3).

L'article 15, présenté par la Commission, reproduisait
l'article 12 voté par la Chambre des députés, ainsi que
nous l'avons dit plus haut (4), et contenait, en outre, une
nouvelle disposition d'après laquelle les agences théâtrales, les agences lyriques et les agences pour cirques et
music-halls n'étaient pas soumises aux prescriptions de
la présente loi, si ce n'est à celles édictées par les articles 12, 13 et 14.

La Chambre des députés avait soumis à la même règle

(1) V. *suprà*, p. 111.
(2) Rapport de M. Aucoin, p. 20 et 21.
(3) V. *suprà*, p. 113.
(4) *Ibid.*, p. 112.

les bureaux de placement payants et les agences théâtrales
ou lyriques payantes (art. 1 de la proposition votée le 3 novembre 1903), mais la Commission avait rejeté la partie
de l'article 1er relative aux agences théâtrales ou lyriques (1), puis elle avait ajouté à l'article 15 de la proposition qu'elle soumettait au vote du Sénat une disposition
spéciale les mettant en dehors de l'application de la loi.

La Commission en avait décidé ainsi, pour une raison
générale et pour des motifs particuliers.

La raison générale , c'est qu'aucune de ces agences
n'existait en vertu d'autorisations délivrées par application
du décret du 25 mars 1852. Elles étaient donc libres et ne
pouvaient être soumises à d'autres lois qu'à celles du
droit commun, notamment à cette loi qui proclame la liberté du commerce et de l'industrie (2).

Mais il y avait d'autres raisons pour ne pas les soumettre à la loi. D'abord les agences théâtrales, dont le siège
est à Paris, ne placent pas d'artistes dramatiques ou lyriques dans cette ville : elles ne placent des artistes que
dans les théâtres de province, des pays étrangers et des
colonies, de sorte que, si elles avaient été supprimées, il
aurait été bien difficile de dire quelle est la commune qui
aurait eu la charge de l'indemnité. Le conseil municipal
de Paris ne l'aurait pas acceptée, puisque la capitale n'en
tire aucun avantage. L'Etat n'aurait pas consenti à payer
l'indemnité tout entière, alors que ces agences procurent
des sujets à des Etats à l'éducation artistique desquels la
France n'a pas à coopérer (3).

La Commission avait de plus été convaincue que la

(1) V. *suprá*, p. 112.
(2) Rapport de M. Aucoin, p. 22.
(3) Rapport de M. Aucoin, p. 23.

suppression de ces agences aurait eu pour notre pays et nos colonies les plus regrettables conséquences.

Car ces agences ne placent pas seulement les artistes, mais forment des troupes pour certains directeurs de province et de l'étranger, et souvent, pour permettre aux acteurs de se rendre à destination, leur font l'avance de la moitié du traitement du premier mois. Pouvait-on espérer que les bureaux gratuits installés par les municipalités auraient une compétence suffisante pour discerner les mérites de chacun et les engager pour des théâtres qui leur conviendraient? A la Bourse du travail, il s'était créé un syndicat d'artistes dramatiques qui certainement, à en juger par le président que la Commission avait entendu, aurait été capable d'apprécier la valeur de l'artiste sollicitant un emploi et aurait le souci de ne le destiner qu'à des spécialités où son genre de talent serait apprécié. Mais ce syndicat pourrait-il faire des avances à ceux qu'il placerait pour aider certains directeurs de province qui, à raison de leurs faibles ressources, étaient dans l'impossibilité de les fournir ? Et, s'il en était ainsi, ajoutait le rapporteur, que deviendraient les théâtres des petites villes? « Ils disparaîtraient au grand mécontentement des habitants qui pendant certaines saisons se verraient privés de ces distractions agréables si nécessaires au développement du goût et de l'esprit, et qui sont les seules qui puissent leur être offertes » (1).

La Commission avait entendu les directeurs des agences théâtrales, elle leur rappela le reproche qui leur était fait de percevoir sur le premier mois des primes trop élevées calculées à tant pour cent sur un engagement de six

____

(1) Rapport de M. Aucoin, p. 23.

mois, alors que fréquemment l'artiste qui les a acquittées
voit son engagement résilié quelques jours après. Tous
avaient protesté en affirmant qu'ils restituaient à l'artiste
la somme afférente aux mois pendant lesquels il n'avait
pas joué. Malheureusement cette déclaration était formellement contredite par le syndicat des artistes dramatiques. Pour éviter que la question pût naître dans l'avenir,
la Commission décida que l'article 12 serait applicable aux
agences théâtrales ; à partir de la promulgation de la loi,
par application de cet article 12, la prime touchée ne pourrait être acquise que si l'artiste avait tenu son rôle au moins
deux mois (1).

Au sujet des agences lyriques, le rapporteur déclare ne
pouvoir répéter tout le mal qu'on en a dit ; elles étaient
accusées d'être plus soucieuses de rechercher, dans les
chanteuses qu'elles placent, la jeunesse et les charmes que
le talent. La plupart, en agissant ainsi, d'ailleurs, ne font
qu'obéir aux conditions qui leur sont imposées par les
propriétaires des concerts auxquels on les destine ; ceux-
ci sachant que leurs clients sont plus attirés dans leurs
établissements par les grâces provocantes de la jeunesse
et de la beauté que par la qualité du chant, font provision
d'artistes qui répondent le mieux au goût et aux exigences de ceux qui viennent les applaudir. La Commission
avait cependant entendu des propriétaires de ces agences
qui, tout en reconnaissant qu'on leur recommandait surtout de procurer des sujets physiquement séduisants, savaient se soustraire à de telles conditions et faire leur métier honorablement. Le rapporteur fait remarquer que la
Commission avait pensé qu'elle n'était pas nommée pour

(1) Rapport de M. Aucoin, p. 24.

légiférer sur de tels sujets, mais tout en constatant qu'il serait très facile d'empêcher de semblables traités si les municipalités, dont ces concerts dépendent, ne les autorisaient qu'en prescrivant des règlements qui garantiraient les bonnes mœurs (1).

Quant aux agences qui placent dans les cirques et music-halls des artistes tels que gymnasiarques, acrobates, jongleurs, équilibristes, etc , dont les principaux établissements sont à Paris, Londres, Berlin et autres grandes villes, et dont la spécialité consiste à parcourir tout l'univers pour y découvrir et engager les sujets, les plus forts, les plus adroits, les plus audacieux, capables de procurer aux spectateurs les sensations les plus vives, elles n'étaient que deux et aucune plainte n'était formulée contre elles ; la Commission ne pouvait les confondre avec les bureaux de placement ordinaires et ne les a pas soumises à la loi, si ce n'est aux dispositions des articles 12, 13 et 14 (2).

Avant de terminer définitivement son œuvre, la Commission invita le gouvernement à se rendre auprès d'elle pour prendre connaissance de la proposition votée et lui demander son avis.

Le président du Conseil et le ministre du commerce, ayant déféré à cette invitation, prirent connaissance de la proposition de loi amendée et ils formulèrent leurs objections (3).

Ils exprimèrent d'abord le regret que la Commission n'eût pas cru devoir accepter sans modification le texte voté à la presque unanimité par la Chambre des députés,

---

(1) Rapport de M. Aucoin, p. 24 et 25. — La législation sur la répression de la traite des blanches trouverait peut-être ici son application.
(2) Rapport de M. Aucoin, p. 25.
(3) Rapport de M. Aucoin, p. 30 et 31.

vote qui démontrait combien tous étaient désireux d'en finir avec cette question. Ils ajoutèrent que depuis fort longtemps on se plaignait des abus commis par ces bureaux, abus justifiés et qui ne permettaient plus de les maintenir.

Ils exprimèrent la crainte qu'en substituant la faculté à l'obligation, comme l'avait décidé la Commission, cette faculté laissée aux communes ne fût cause de l'échec de la loi et qu'il ne fût pas possible au gouvernement de la faire accepter par la Chambre des députés, alors que par un si grand nombre de voix elle s'était prononcée pour l'obligation.

Ainsi que nous l'avons indiqué plus haut, ils signalèrent le danger que pouvait présenter la suppression des bureaux dans une commune s'ils étaient maintenus dans les communes limitrophes, et ils invitèrent la Commission à ne pas augmenter les charges du Trésor public. Nous avons vu que, sur ces deux points, la Commission avait tenu compte de leurs observations.

Enfin ils rappelèrent le mandat qu'ils avaient reçu de la Chambre des députés, et, à ce titre, ils demandèrent à la Commission de faire de nouvelles concessions et d'adopter la proposition de loi qui leur était soumise.

« Telle est la proposition de loi que votre Commission m'a donné mandat de vous soumettre et de soutenir.

« En la votant, elle n'a pas cru qu'elle mettrait fin à la lutte si fâcheuse du capital et du travail, ni à une agitation qu'on ne saurait trop déplorer et qui provient peut-être plus du nombre trop grand des travailleurs dans Paris, comparé au nombre d'emplois qu'on peut leur donner, qu'à des abus imputés aux bureaux payants et dont la preuve n'a pas été rapportée devant elle.

« Elle n'a pas cru davantage que cette loi donnerait satisfaction à tous.

« Mais elle est cependant convaincue que, malgré les critiques qui pourraient lui être faites, elle réalisera un réel progrès en dégageant le salaire des travailleurs de toute redevance et en assurant le développement des bureaux gratuits et que ce sera une raison suffisante pour que des concessions soient faites par ceux qui trouveront qu'on a été trop loin et par ceux qui estimeront qu'on n'a pas assez fait.

« Pour les y déterminer nous les inviterons à suivre l'exemple des membres de la Commission qui, après avoir nettement soutenu leurs opinions et voté pour en assurer le triomphe, n'ont pas hésité à en faire le sacrifice pour contribuer au succès d'une loi qui consacrera une amélioration.

« Il est vrai de dire qu'ils avaient été précédés dans cette voie par la Chambre des députés qui, après avoir donné 102 voix contre 462 à un contre-projet et 219 voix contre 332 à un amendement, a voté l'ensemble de la proposition de loi par 496 voix contre 16.

« Au nom de votre Commission, nous vous demandons de suivre de tels exemples et de voter la proposition de loi que nous vous présentons. En l'adoptant, vous prouverez que vous savez, quelles que soient les manifestations et d'où qu'elles viennent, garder votre calme et donner votre approbation à toute mesure qui améliore le sort des travailleurs (1). »

(1) Rapport de M. Aucoin, p. 34 et 35.

B. — *Discussion de la loi au Sénat.* — La discussion, sur la proposition de loi adoptée par la Chambre des députés, adoptée avec modifications par le Sénat, modifiée par la Chambre des députés, relative au placement des employés et ouvriers des deux sexes et de toutes professions, s'ouvrit au Sénat le 19 janvier 1904.

La Chambre des députés ayant déclaré l'urgence sur cette proposition, le Sénat fut, conformément au règlement, consulté sur l'urgence, qui fut prononcée (1).

La discussion générale fut close rapidement.

Il ne s'éleva de difficultés qu'au sujet de l'article 1er et de l'article 11.

Sur l'article 1er, un contre-projet décidant qu'à l'avenir, aucune permission de tenir un bureau de placement payant ne pourrait être accordée et que les permissions en vigueur devraient être rapportées dans les conditions déterminées par la loi, fut rejeté par 196 voix contre 85.

Mais le paragraphe 2 de l'article 1er proposé par la Commission, en vertu duquel aucune autorisation de créer un bureau de placement payant ne serait désormais accordée, fut rejetée par 140 voix contre 126.

La Commission proposa aussitôt de le remplacer par une disposition ainsi conçue : « Tout bureau nouveau créé en vertu d'une autorisation postérieure à la promulgation de la présente loi n'aura droit, en cas de suppression, à aucune indemnité. » La nouvelle rédaction fut adoptée sans discussion (2).

Sur l'article 11, le général Mercier proposa d'ajouter le paragraphe additionnel suivant : « A partir de la promul-

(1) *Journal officiel* du 20 janvier 1904. Sénat, p. 11.
(2) *Journal officiel* du 2 janvier 1904. Sénat, p. 35.

gation de la présente loi, les frais de placement touchés dans les bureaux maintenus à titre payant seront entièrement supportés par les employeurs, sans qu'aucune rétribution puisse être reçue des employés.

« Toute infraction à cette prescription sera punie des peines édictées à l'article 9 de la présente loi. »

Cet amendement fut adopté, dans la séance du 26 janvier 1904, par 137 voix contre 107 (1).

A la suite de ce vote, M. Aucoin donna sa démission de rapporteur et de membre de la Commission, mais la discussion n'en continua pas moins le 27 janvier et se termina dans cette même séance.

Les articles 12, 13 et 14 furent supprimés comme inutiles et en contradiction avec l'amendement Mercier.

L'article 15 fut adopté, et, par un article additionnel, la loi fut déclarée applicable à l'Algérie.

A ce moment, M. le Provost de Launay, M. Aucoin, M. Gourju, M. Prevet demandèrent au Sénat de procéder à une deuxième délibération, ce qui impliquait le retrait de l'urgence. Mais ce retrait, combattu par M. Ournoc, sénateur de la Haute-Garonne, fut rejeté par 138 voix contre 127 (2).

Il ne restait plus qu'à voter sur l'ensemble.

C. — *Vote de la loi.* — L'ensemble de la proposition, ainsi modifiée par la transformation de l'article 1er, l'adjonction à l'article 11 et la suppression des articles 12, 13 et 14, fut votée le 29 janvier 1904 par 228 voix contre 39 (3).

(1) *Journal officiel* du 26 janvier 1904, Sénat, p. 65.
(2) *Journal officiel* du 29 janvier 1904, Sénat, p. 75.
(3) *Journal officiel* du 29 janvier 1904, Sénat, p. 75.

La proposition votée par le Sénat fut transmise le 29 janvier 1904 à la Chambre des députés.

§ 3. — Discussion et vote de la loi à la Chambre des députés.

A la Chambre des députés, la discussion s'ouvrit dans la séance du 9 mars.

M. Georges Berry déclara qu'il ne voterait pas la proposition adoptée par le Sénat: « Je ne peux accepter votre projet, qui laisse les choses en l'état : le tenancier du bureau payant pourra continuer à exploiter son commerce, à prendre le plus clair du bénéfice de l'employé ou de l'ouvrier ; il pourra, comme par le passé, trafiquer du travail humain.

« Savez-vous ce qu'il y aura de changé ? C'est que le bureau payant qui n'était toléré que par le décret de 1852 et qui n'était en somme qu'une espèce de maison de tolérance (*Très bien ! très bien ! sur divers bancs*), va être protégé, autorisé par la loi que vous allez voter. Vous faites les affaires des placeurs ; je voulais faire celle des employés ; nous ne sommes pas d'accord ; je ne voterai pas avec vous (*Applaudissements sur divers bancs*) (1). »

M. Henri Ferrette présenta un contre-projet.

Mais M. Jaurès fit observer que, si la loi était imparfaite, elle valait mieux que le néant. Et il rappelait les faits : « Le Sénat n'a pas d'abord accepté le projet de la Chambre, disait-il : il n'a pas accepté la suppression obligatoire des bureaux payants dans un délai déterminé ; il n'a pas accepté la contribution de l'Etat aux dépenses qui résulteraient pour les villes de l'application de la loi ; le Sénat a résisté, il

(1) *Journal officiel* du 10 mars 1904, Chambre des députés, p. 637.

a résisté à demi — il fut un temps où il résistait tout à fait, et nous qui sommes des hommes sages, ajoutait-il, nous saluons comme un progrès l'heure où il ne résiste plus qu'à demi — en attendant que les travailleurs organisés l'amènent à ne plus résister du tout (*Applaudissements à gauche et à l'extrême gauche*) (1). »

Sans doute le vote de l'amendement Mercier avait été une surprise, mais la majorité avait eu la sagesse de repousser le retrait de l'urgence, il ne fallait pas que la Chambre permît une deuxième délibération qui peut-être eût amené modification ou un retard dans la loi proposée.

Le contre-projet de MM. Ferrette et Congy fut repoussé par 375 voix contre 54.

Tous les amendements furent successivement repoussés, et l'ensemble de la proposition fut adopté par 487 voix contre 14.

La loi sur le placement des ouvriers et employés des deux sexes et de toutes professions allait entrer en vigueur.

(1) *Journal officiel* du 9 mars 1905, p. 643.

TROISIÈME PARTIE

PROMULGATION, APPLICATION ET EFFETS DE LA LOI DU 14 MARS 1904

CHAPITRE PREMIER

PROMULGATION DE LA LOI DU 14 MARS 1904.

La loi relative au placement des ouvriers et employés des deux sexes et de toutes professions, votée le 9 mars 1904 par la Chambre des députés à qui elle avait été transmise par le Sénat, a été promulguée le 14 mars 1904 (1).

En voici le texte :

« Art. 1. — A partir de la promulgation de la présente loi, les bureaux de placement payants pourront être supprimés moyennant une juste indemnité.

Tout bureau nouveau, créé en vertu d'une autorisation postérieure à la promulgation de la présente loi n'aura droit, en cas de suppression, à aucune indemnité.

« Art. 2. — Les bureaux de placement gratuit créés par les municipalités, par les syndicats professionnels ouvriers, patronaux et mixtes, les Bourses du travail, les

(1) *Journal officiel* du 17 mars 1904.

compagnonnages, les sociétés de secours mutuels et toutes autres associations légalement constituées, ne sont soumis à aucune autorisation.

« ART. 3. — Les bureaux de placement énumérés à l'article précédent, sauf ceux qui ont été créés par les municipalités, sont astreints au dépôt d'une déclaration préalable effectuée à la mairie de la commune où ils sont établis. La déclaration devra être renouvelée à tout changement de local du bureau.

« ART. 4. — Dans chaque commune, un registre contenant les offres et demandes de travail et d'emplois devra être ouvert à la mairie et mis gratuitement à la disposition du public. A ce registre sera joint un répertoire où seront classées les notices individuelles que les demandeurs de travail pourront librement joindre à leur demande. Les communes comptant plus de 10.000 habitants seront tenues de créer un bureau municipal.

« ART. 5. — Sont exemptées du droit de timbre les affiches, imprimées ou non, contenant exclusivement les offres et demandes de travail et d'emplois et apposées par les bureaux de placement gratuits énumérés dans l'article 3.

« ART. 6. — Tout gérant ou employé d'un bureau de placement gratuit qui aura perçu une rétribution quelconque à l'occasion d'un ouvrier ou employé sera puni des peines prévues à l'article 9 ci-dessous.

« ART. 7. — L'autorité municipale surveille les bureaux de placement pour y assurer le maintien de l'ordre, les prescriptions de l'hygiène et la loyauté de la gestion.

« ART. 8. — Aucun hôtelier, logeur, restaurateur ou débitant de boissons ne peut joindre à son établissement la tenue d'un bureau de placement.

Aʀᴛ. 9. — Toute infraction, soit aux règlements faits en vertu de l'article 7, soit à l'article 8, sera punie d'une amende de 16 francs à 100 francs et d'un emprisonnement de six jours à un mois, ou de l'une de ces deux peines seulement. Le maximum des deux peines sera appliqué au délinquant lorsqu'il aura été prononcé contre lui, dans les douze mois précédents, une première condamnation pour infraction aux articles 6 et 8 de la présente loi.

Tout tenancier, gérant, employé d'un bureau clandestin, sera puni des peines portées à cet article.

Ces peines sont indépendantes de restitutions et dommages-intérêts auxquels pourront donner lieu les faits incriminés.

L'article 463 du Code pénal, ainsi que la loi du 25 mars 1891, sont applicables aux infractions indiquées ci-dessus.

« Aʀᴛ. 10. — Les pouvoirs ci-dessus conférés à l'autorité municipale seront exercés par le préfet de police pour Paris et le ressort de sa préfecture, et par le préfet du Rhône pour Lyon et les autres communes dans lesquelles il remplit les fonctions qui lui sont attribuées par la loi du 24 juin 1851.

« Aʀᴛ. 11. — 1° A partir de la promulgation de la présente loi, un arrêté pris à la suite d'une délibération du conseil municipal pourra, à charge d'une indemnité représentant le prix de vente de l'office et qui, à défaut d'entente, sera fixée par le Conseil de préfecture, rapporter les autorisations données en vertu du décret du 25 mars 1852 ;

2° Les indemnités dues aux bureaux de placement payants supprimés dans le délai de cinq années seront fixées d'après l'état de ces bureaux à l'époque de la promulgation de la présente loi ;

3° Les bureaux faisant le placement pour une même profession déterminée devront être supprimés tous à la fois, par un même arrêté municipal ;

4° Les indemnités aux tenanciers des bureaux de placement seront à la charge des communes seules ;

5° En cas de décès du titulaire avant l'arrêté de suppression, l'indemnité sera due aux ayants droit et leur sera payée lorsque l'arrêté aura été pris.

A partir de la promulgation de la présente loi, les frais de placement touchés dans les bureaux maintenus à titre payant seront entièrement supportés par les employeurs, sans qu'aucune rétribution puisse être reçue des employés.

Toute infraction à cette prescription sera punie des peines édictées à l'article 9 de la présente loi.

« Art. 12. — Sont et demeurent abrogées toutes les dispositions contraires à la présente loi.

Les bureaux de nourrices ne sont pas visés par la présente loi et restent soumis aux dispositions de la loi du 23 décembre 1874 relative à la protection des enfants du premier âge.

Les agences théâtrales, les agences lyriques et les agences pour cirques et music-halls ne sont pas soumises aux prescriptions de la présente loi.

« Art. 13. — La présente loi est applicable à l'Algérie. »

Nous allons indiquer, dans le chapitre suivant, comment cette loi a été appliquée (1).

---

(1) Voir sur les applications de la loi du 14 mars 1904, l'étude de MM. A. Fontaine, directeur du Travail au ministère du commerce et de l'industrie et Picquenard, rédacteur en chef du *Bulletin de l'Office du travail* : « La réglementation nouvelle des bureaux de placement ». P. Dupont, 1905.

CHAPITRE II

Nous avons donné, dans le chapitre précédent, le texte de la loi promulguée le 14 mars 1904 ; nous voulons, dans ce chapitre II, indiquer comment cette loi a été appliquée, et comment le placement a été organisé en vertu de cette loi.

Nous indiquerons :

Dans un paragraphe 1, l'organisation du placement payant : A. Suppression de bureaux autorisés ; B. Réglementation des bureaux maintenus ;

Dans un paragraphe 2, l'organisation du placement gratuit : création, déclaration, conditions de fonctionnement ;

Dans un paragraphe 3, toutes les décisions judiciaires relatives à l'application de la loi du 14 mars 1904, et que nous avons pu recueillir.

§ 1. — Organisation du placement payant.

A l'égard des bureaux de placement payant, il y a lieu de distinguer entre les bureaux à l'égard desquels les municipalités ont usé de la faculté de suppression moyennant indemnité, et les bureaux auxquels l'autorisation a été maintenue.

A. — *Suppression des bureaux autorisés de placement payant.*

Aussitôt après le vote de la loi, avant même qu'elle ne fût promulguée, le conseil municipal de Paris, dans sa séance du 12 mars 1904, était saisi d'une proposition de M. Fribourg, appuyée de 21 de ses collègues MM. Piperaud, Faillet, Weber, Galey, Ranvier, Chausse, Marsonlan, Colly, Pierre Morel, Navarre, Alfred Moreau, Ernest Moreau, Poiry, Paul Brousse, Henri Turot, Paris, Lajarrige, Rozier, Berthaut, Landrin, conseillers municipanx.

M. Fribourg expliqua que la proposition qu'il déposait, au nom de ses collègues, permettrait par son adoption de satisfaire des vœux exprimés à différentes reprises par la presque unanimité du conseil, et qui tendaient à la suppression des bureaux de placement.

« Je ne ferai pas à nouveau, ajoutait-il, le procès de cette industrie dont l'immoralité est flagrante, l'exploitation d'autant plus odieuse qu'elle frappe les travailleurs affamés par le chômage. Sans nous donner satisfaction, la loi votée le 9 mars dernier donne au conseil municipal, par son article 11, le moyen de les faire disparaître.

« En prenant cette initiative, en réalisant le principe affirmé à la Chambre, le conseil municipal de Paris donnera aux grandes villes de France un exemple qu'elles devront suivre et qu'elles suivront, je l'espère. »

En conséquence, M. Fribourg proposait le projet de délibération suivant :

« Le Conseil,

« Considérant que la loi votée le 9 mars dernier, loin de donner satisfaction complète aux partisans de la suppression des bureaux de placement fournit pourtant au conseil municipal le moyen de les faire disparaître ;

« Tout en protestant contre les charges financières imposées à la Ville de Paris qui n'est pas responsable d'une situation créée par le décret de 1852,

« Délibère :

« Les autorisations accordées en vertu du décret du 25 mars 1852 sont rapportées, les bureaux de placement payants supprimés.

« L'administration est invitée à faire connaître dans le plus bref délai, au conseil municipal, les conséquences financières de cette délibération. »

Après une longue discussion, M. Fribourg détacha le paragraphe 1 de ce projet de délibération et en fit un dernier considérant ainsi conçu : « Le conseil, résolu à supprimer dans le plus bref délai les autorisations accordées en vertu du décret du 25 mars 1852. »

Ainsi modifié, le projet de délibération fut adopté (1).

Le conseil municipal, dans la même séance, adopta une proposition de M. Rozier invitant le préfet de police à ne délivrer désormais aucune autorisation à aucun bureau de placement dont la création serait proposée sur le territoire de la Ville de Paris.

Le Conseil municipal adopta aussi plusieurs vœux : 1° que le préfet de police refusât toute autorisation sollicitée pour l'établissement d'un bureau de placement sur le territoire du département de la Seine et des cantons de Seine-et-Oise soumis à son administration (2) ;

2° Que le Parlement votât la suppression obligatoire des bureaux de placement, et subsidiairement qu'il étendît aux agences théâtrales et lyriques les effets de la loi du 9 mars 1905 (3) ;

(1) Conseil municipal, séance du 11 mars 1904. *Bulletin municipal officiel*, 12 mars 1904, p. 10, 18.
(2) Vœu de M. Arthur Rozier.
(3) Vœu de M. Arthur Rozier.

3° Que les Chambres n'imposassent à la Ville de Paris aucune charge d'État (1) ;

4° Que l'État prît sa part de l'indemnité à allouer aux bureaux de placement (2) ; attendu que la suppression des bureaux de placement intéresse toute la France.

Deux autres propositions furent renvoyées à l'administration, l'une demandait que le rachat des bureaux de placement fût doté au moyen de réductions du crédit global alloué à la préfecture de police (3) ; l'autre, que les bureaux de placement fussent supprimés par étapes, par professions, et que l'administration fût invitée à présenter d'urgence des propositions dans ce sens au conseil municipal (4).

En exécution de la délibération proposée par M. Fribourg et votée par le conseil municipal le 11 mars 1904, le préfet de police, dans la séance du 26 mars 1904, apporta les indications que lui permettait de donner, sous toutes réserves, l'enquête rapide à laquelle il avait procédé (5).

---

(1) Vœu de M. Henri Galli.

(2) Vœu de M. Paul Escudier : « La loi votée par le pouvoir législatif ne donne pas de solution à la question, et elle a pour conséquence de faire peser sur les contribuables parisiens de nouvelles charges écrasantes pour la Ville. »

(3) Proposition de M. Armand Grébauval.

(4) M. Dausset avait fait précéder sa proposition des considérants suivants : « Le conseil, considérant que la loi sur la suppression facultative des bureaux de placement, avec l'obligation de l'indemnité, est une nouvelle atteinte aux droits des communes, et en particulier de la Ville de Paris ; considérant que plusieurs millions seraient nécessaires pour l'exécution complète et intégrale de la loi et que l'état du budget de la Ville de Paris ne permet pas d'imposer aux contribuables d'aussi lourds sacrifices ; mais résolu à maintenir ses nombreux votes antérieurs de principe et à les mettre à exécution, délibère, etc. »

(5) Procès-verbal du 26 mars 1904, n° 78, p. 880.

« Voici, d'après mon enquête, dit le préfet de police, les premiers renseignements.

« Il y a à Paris 275 bureaux de placement ; mais ils se répartissent d'une façon très inégale.

« Pour une seule catégorie, celle des bureaux de placement des domestiques, il y a à Paris 182 bureaux ; c'est de beaucoup la catégorie la plus importante.

« Ensuite il y a 22 bureaux de placement des instituteurs et institutrices libres.

Puis venaient 71 bureaux ainsi répartis :

9 bureaux consacrés aux boulangers :

8 aux bouchers ;

9 aux garçons d'hôtel ;

10 aux marchands de vins ;

17 aux limonadiers ;

3 aux épiciers ;

3 aux comestibles ;

2 aux pâtissiers ;

2 aux nourrisseurs :

1 aux meuniers ;

3 aux coiffeurs ;

1 aux cordonniers ;

1 aux teinturiers ;

3 aux employés de commerce.

Le préfet de police déclara que, pour avoir un renseignement sérieux, il aurait fallu posséder pour chaque bureau le dernier prix de cession s'il n'était pas trop ancien. Puis, suivant le temps écoulé depuis cette cession, il aurait fallu élucider le point de savoir si le bureau avait prospéré ou périclité et dans quelle mesure.

L'évaluation approximative de la valeur des bureaux de placement s'élevait à 2.752.090 francs pour les 275 bu-

reaux ; 1.068.000 francs pour les 71 bureaux affectés au
placement des ouvriers et employés, et 1.684.000 francs
pour les 22 bureaux consacrés à l'enseignement et les 182
plaçant des domestiques.

Après une discussion dans laquelle le préfet de police
et le directeur des finances de la Ville de Paris affirmè-
rent que l'indemnité devait être payée préalablement à la
suppression, ce qui, nous le savons (1), est contraire à
l'avis du rapporteur de la loi au Sénat, M. Aucoin, le conseil municipal adopta successivement :

1° Une proposition décidant que l'administration enta-
merait, dans le plus bref délai, les négociations nécessaires
avec les tenanciers des bureaux de placement payants à
seule fin d'obtenir leur disparition (2) ;

2° Une proposition de M. Dausset décidant que les bureaux de placement seraient supprimés par étapes, par
catégories et par professions, et invitant l'administration
à arrêter d'urgence les mesures à prendre et à déterminer
les crédits à voter pour la suppression des bureaux de
placement de l'alimentation (3) ;

3° Une proposition ouvrant un crédit de 1.500.000 francs
au budget de 1904 pour assurer le paiement des indemnités qu'entraînerait la suppression des bureaux de placement votée par le conseil municipal dans sa séance du
11 mars 1904. Ledit crédit s'appliquant à la suppression
des bureaux de placement des corporations suivantes :
boulangers, bouchers, garçons d'hôtels, marchands de

(1) Voir *suprà*, p. 115.
(2) Proposition de M. Fribourg, n° 473, Procès-verbal du 26 mars
1904, p. 887.
(3) Proposition de M. Dausset, 474. Procès-verbal du 26 mars 1904,
p. 887 et 888.

vins, limonadiers, épiciers, comestibles, pâtissiers, nourrisseurs, meuniers, coiffeurs, cordonniers, teinturiers, employés de commerce (1).

Le 4 avril 1904, une commission fut constituée par le préfet de police pour l'examen des mesures à prendre en vue de l'exécution de cette délibération. La commission se réunit le 21 avril et jusqu'au 4 juin tint 14 séances au cours desquelles elle entendit les tenanciers des bureaux de placement visés par la délibération du Conseil municipal ainsi qu'un certain nombre de syndicats ouvriers et patronaux.

La commission décida que le calcul de l'indemnité serait déterminé d'après les données suivantes :

1° Bénéfices nets des trois dernières années d'exercice ;

2° Indemnité pour la résiliation de bail fixée à la moitié des termes à échoir jusqu'à la fin du bail ;

3° Indemnités pour le licenciement du personnel, fixée à un mois de traitement (2).

A mesure qu'elle avait arrêté le chiffre des indemnités qu'elle proposait d'accorder aux tenanciers d'une catégorie, elle envoyait un mémoire au conseil municipal qui en délibérait et votait les crédits quand il approuvait les propositions de la commission.

C'est ainsi que successivement le conseil municipal vota les crédits nécessaires pour indemniser les tenanciers des bureaux de placement pour boulangers, bouchers, garçons d'hôtel, garçons marchands de vin, garçons limonadiers, coiffeurs, garçons pâtissiers, garçons nourrisseurs, cordonniers et teinturiers.

(1) Proposition de M. Rozier, 475. Procès-verbal du 26 mars 1904, p. 882 et 888.

(2) *Bulletin officiel de l'Office du travail*, août 1904, p. 712 et 713.

Un grand nombre de placeurs avaient accepté à l'amiable les offres qui leur avaient été faites ; quelques-uns avaient refusé, mais le refus de ces derniers ne pouvait retarder la fermeture des bureaux supprimés, car la loi exige que les bureaux faisant le placement pour une profession déterminée soient supprimés à la fois par le même arrêté (art. 11).

Se basant sur cette disposition, le préfet de police déclara très nettement à la 1re commission du conseil qu'il fermerait les bureaux de placement de chaque catégorie dès que le conseil municipal ayant fait des offres suffisantes, aurait traité à l'amiable avec un certain nombre de tenanciers de cette catégorie et se serait engagé à payer le montant des sommes auxquelles le Conseil de préfecture pourrait condamner la Ville.

Dans sa séance du 3 juin 1904, le conseil municipal approuva cette proposition. « Cela va de soi, dit le rapporteur M. André Lefèvre. C'est un engagement que nous prenons d'autant plus facilement que la loi permet d'inscrire d'office au budget des communes les crédits nécessaires pour faire face aux frais des procès qu'elles ont perdus (1). »

Mais, d'autre part, le préfet de la Seine avait demandé, dans son mémoire, s'il ne serait pas nécessaire de faire des offres réelles à ceux des placeurs avec lesquels une contestation se produirait et de consigner les sommes offertes.

La commission proposa de rejeter cette demande ; il ne lui paraissait pas possible de faire des offres réelles aux tenanciers des bureaux de placement, attendu que la dette

____

(1) Procès-verbal de la séance du 3 juin 1904, p. 1008 à 1014.

n'était pas liquide et qu'elle restait subordonnée à la décision du Conseil de préfecture ; il était même probable
que de telles offres serait irrecevables et resteraient sans
effet. Pour la même raison, elle ne jugea pas qu'il y eût
lieu de consigner la somme en litige, la Ville de Paris
étant solvable pour le payement des indemnités auxquelles elle serait condamnée.

Le conseil municipal, dans sa séance du 3 juin 1904,
décida qu'il y avait lieu de faire des offres officielles aux
tenanciers qui avaient refusé de transiger avec l'administration. En conséquence, il autorisa le préfet de la Seine,
par des délibérations spéciales à chaque catégorie de placeurs : 1° à allouer à l'amiable aux tenanciers des bureaux
de placement, qui avaient accepté la transaction proposée,
les sommes convenues ; 2° à faire aux tenanciers des
bureaux de placement qui avaient refusé de transiger, des
offres d'indemnités déterminées.

La première délibération, votée par le conseil, a autorisé
le préfet de la Seine, à payer à l'amiable à cinq tenanciers
de bureaux de placement pour boulangers une somme
totale de 260.000 francs, et à offrir une somme totale de
127.000 francs (1), à quatre autres qui réclamèrent
795.000 francs !

(1) Nous croyons bien faire en donnant, comme exemple, le texte de
la première délibération votée par le conseil municipal : toutes les
autres ont été prises sur le même modèle :

« Le Conseil,

« Vu sa précédente délibération, en date du 26 mars 1904, ayant
pour objet la suppression des bureaux de placement payants ;

« Vu l'arrêté, en date du 4 avril 1904, par lequel M. le préfet de la
Seine a institué une commission pour l'examen des mesures à prendre
en vue de l'exécution, en ce qui le concerne, des délibérations susvi-
sées et du rachat des bureaux de placement payants ;

« Vu le mémoire, en date du 27 mai 1904, par lequel M. le préfet

La seconde délibération, votée le même jour 3 juin 1904, a autorisé le payement d'une somme totale de 237.500 francs à six tenanciers de bureaux de placement pour bouchers,

de la Seine lui soumet les propositions faites par ladite commission en vue :

1° Des indemnités transactionnelles à payer aux tenanciers de divers bureaux de placement pour boulangers avec lesquels une entente est intervenue ;

2° Des offres officielles à faire à divers autres tenanciers de bureaux de la même catégorie ;

« Vu les engagements souscrits par les tenanciers avec lesquels un accord est intervenu ;

« Délibère :

« ART. 1er. — M. le préfet de la Seine est autorisé :

1° A allouer à l'amiable aux tenanciers de bureaux de placement pour boulangers dort les noms suivent les sommes ci-après indiquées :

Ayant droit Cauvin, 73, rue Notre-Dame de Nazarettes.	20.000 francs ;
M. Sauvanet, 42, rue de Chartres.	20.000 »
M. Treslin, 6, rue Sainte-Opportune	130.000 »
M. Bugeard, 18, rue des Deux-Écus	30.000 »
M. Hatin, 4, boulevard Bonne-Nouvelle	60.000 »
Total	260.000 »

2° A faire aux tenanciers de bureaux de placement pour boulangers dont les noms suivent les offres d'indemnités ci-après indiquées :

M. Collin, 20, passage Tivoli.	25.000 francs ;
M. Richard, 25, rue de Bouloi	90.000 »
M. Camus, 32, rue Grégoire de Tours.	2.000 »
M. Aubry, 9, rue Jean Beausire	100.00 »
Total.	127.000 »

« ART. 2. — L'administration est autorisée à s'entendre avec le propriétaire des locaux occupés, rue des Deux-Écus, 18, par M. Bugeard pour la prise de la suite du bail consentie à ce dernier.

« ART. 3. — Il est ouvert un crédit de 4.700 francs pour le remboursement de six mois de loyer d'avance et pour le paiement des termes d'octobre et de janvier prochains, ainsi que des divers frais et taxes à la charge du preneur.

« ART. 4. — Les sommes ci-dessus indiquées, et s'élevant ensemble à 387.000 francs, seront prélevées sur le million affecté à l'amélioration de l'éclairage électrique par la délibération du 2 juillet 1897. »

et l'offre de 11.000 francs à deux autres (1), qui ont réclamé 330.000 francs !

La troisième, votée le 17 juin 1905, a autorisé le préfet de la Seine à payer à l'amiable à 3 bureaux de placement pour garçons d'hôtel : 58.000 francs, à 5 bureaux de placement pour garçons marchands de vin : 81.300 francs ; à 17 bureaux de placement pour garçons limonadiers : 561.100 francs, au total : 700.400 francs et à faire à 6 bureaux pour garçons d'hôtel des offres d'indemnités pour 96.600 francs, à 4 bureaux pour garçons marchands de vin des offres d'indemnité, pour 49.500 francs, au total : 146.100 francs (2).

La quatrième, votée le 8 juillet 1905, a autorisé le Préfet de la Seine à allouer à 3 tenanciers de bureaux de placement pour coiffeurs une somme de 71.000 francs qu'ils ont tous acceptée (3).

La cinquième, votée dans la séance du 12 juillet 1904, a autorisé l'offre à 2 tenanciers de bureaux de placement pour pâtissiers d'une somme totale de 70.000 francs (4), ces tenanciers ont réclamé 695.000 francs.

La sixième, la septième et la huitième délibérations, votées aussi le 12 juillet 1904, ont autorisé le payement d'une somme de 34.000 francs à 2 tenanciers de bureaux de placement pour garçons nourrisseurs, d'une somme de 11.500 francs à 1 bureau pour cordonniers et de 2.000 francs à 1 bureau pour teinturiers (5).

En somme, sur 61 bureaux, 43 acceptèrent à l'amiable

(1) Procès-verbal de la séance du 3 juin 1904, p. 1013.
(2) Procès-verbal de la séance du 17 juin 1904, p. 1148 et 1149.
(3) Procès-verbal de la séance du 8 juillet 1904, p. 591 et 592.
(4) Séance du 12 juillet 1904, p. 701 et 702.
(5) Séance du 12 juillet 1904, p. 702 et 703.

les indemnités qui leur étaient offertes et qui formaient un total de 1.203.100 francs ; 18 refusèrent de transiger, les offres qui leur furent faites s'élevaient à 354.100 francs : ils réclamèrent plus de 3 millions !

Immédiatement après chacune de ces délibérations qui s'appliquaient à tous les bureaux d'une même profession, le préfet de police prenait un arrêté fermant tous les bureaux de la profession indiquée.

Dans certaines villes, le rachat n'a pas été opéré parce qu'on compte sur la ruine des bureaux payants par la concurrence des bureaux municipaux gratuits : c'est la suppression indirecte.

Le maire de Cherbourg écrivait qu'il considérait comme inutile de supprimer par arrêté les bureaux payants existants « en raison du fonctionnement excellent du bureau gratuit de l'Hôtel de Ville et de son extension constante qui amènera fatalement la disparition des bureaux payants sans l'intervention du maire » (1).

Le maire de Saint-Brieuc écrivait aussi que le bureau de placement créé à la mairie le 1er janvier 1904 qui « a, jusqu'à présent, donné d'excellents résultats, entraînera par la suite la suppression des bureaux de placement payants (2). »

Dans certaines villes, la municipalité a envisagé la possibilité de procéder à la suppression indirecte des bureaux autorisés en réduisant les tarifs à un taux si bas que ces bureaux ne puissent vivre, mais ce n'est pas toujours possible.

C'est ainsi que le maire de Besançon avait demandé, par lettre en date du 26 mai 1904, au ministre du com-

____

(1) *Bulletin de l'Office du travail*, août 1904, p. 712.
(2) *Bulletin de l'Office du travail*, août 1904, p. 712.

merce si la municipalité pouvait réduire les droits de placement perçus actuellement par les tenanciers des bureaux de placement en conformité des arrêtés du maire, sans s'exposer à des demandes en indemnités formulées par les tenanciers des bureaux et basées sur le préjudice causé par cette mesure.

Le ministre du commerce informa le maire de Besançon, par lettre en date du 21 juin 1904, que cette réduction des tarifs de placement peut être opérée sans indemnité si les anciens arrêtés d'autorisation pris par le maire prévoient la revision de ces tarifs ; si cette clause n'existe pas, la réduction des tarifs ne peut être ordonnée.

Comme exemple, le ministre du commerce cite les arrêtés d'autorisation du préfet de police qui, depuis 1896, se terminent par l'article suivant : « Le présent arrêté sera toujours soumis aux modifications que l'administration croira devoir prescrire. » Les arrêtés antérieurs à 1896 ne contenant pas cette clause finale, il n'a été possible d'abaisser les tarifs de certains bureaux qu'au fur et à mesure de l'extinction des anciens titulaires (1).

B. — Bureaux maintenus.

Pour les bureaux maintenus, les prescriptions nouvelles de la loi du 14 mars 1904 ont donné lieu à une refonte des arrêtés et règlements municipaux antérieurs.

a) *Réglementation nouvelle.* — A Bourges, dès le 21 mars 1904, le maire a pris un arrêté très précis, comprenant 17 articles, et que le *Bulletin officiel de l'Office du travail* a jugé digne d'être reproduit *in extenso* (2).

A Boulogne-sur-Mer, le maire a fixé un nouveau mo-

---

(1) *Bulletin de l'Office du travail,* juin 1904, p. 553.

(2) *Bulletin de l'Office du travail,* août 1904, p. 714, 715 et 716.

dèle d'arrêté d'autorisation de bureau de placement dans lequel il a rappelé l'interdiction de recevoir aucune rétribution des employés et de joindre, à la tenue d'un bureau de placement, un établissement d'hôtelier, logeur, restaurateur, etc. (1).

A Paris, une réglementation nouvelle a été aussi édictée (2).

Pour l'application de la loi du 14 mars 1904, le préfet de police a rendu le 10 juin 1904 une ordonnance (3) con-

(1) *Bulletin de l'Office du travail*, août 1904, p. 174.
(2) *Bulletin de l'Office du travail*, juin 1904, p. 549.
(3) Les considérants de cette ordonnance méritent d'être cités. En voici le texte :

Nous, Préfet de police,

Vu les arrêtés du gouvernement des 12 messidor an VIII et 3 brumaire an IX (1er juillet et 25 octobre 1800) ;

Vu la loi du 14 mars 1904 et notamment l'article 7 et l'article 10 ;

Vu le décret du 25 mars 1852 dans ses dispositions non abrogées par la loi du 14 mars susvisée ;

Vu la loi du 21 mars 1884 sur les syndicats professionnels ;

Vu la loi du 1er avril 1898 sur les sociétés de secours mutuels ;

Vu la loi du 1er juillet 1901 sur les associations ;

Attendu que la loi du 14 mars 1904 prévoit, dans son article 1er, la suppression éventuelle des bureaux de placement payants ;

Mais attendu que le conseil municipal de la Ville de Paris n'a décidé, quant à présent, le rachat que de certaines catégories de bureaux payants ;

Attendu que, d'autre part, les municipalités de la banlieue de Paris ne se sont pas encore prononcées à ce sujet ;

Attendu que l'article 11, § 6 de la loi du 14 mars 1904 a modifié profondément, pour les bureaux qui seraient maintenus à titre payant, le mode de perception des droits de placement, en mettant ceux-ci entièrement à la charge de l'employeur et non plus à celle de l'employé ;

Considérant qu'il importe dès lors de fixer les conditions d'autorisation, de transfert et de gestion des bureaux payants maintenus, dont le fonctionnement doit être réglementé et surveillé par nous ;

Considérant, d'autre part, qu'il est nécessaire également de préciser les obligations nouvelles auxquelles sont astreints les bureaux gratuits

cernant les bureaux de placement qu'il nous paraît intéressant d'analyser.

Dans le titre premier : Bureaux payants, l'article 1 décide que nul ne peut tenir, dans le ressort de la préfecture
de police, un bureau de placement payant, sous quelque
titre pour quelque profession que ce soit, sans une autorisation spéciale délivrée par le préfet de police.

Le postulant devra produire, à l'appui de sa demande,
toutes les pièces et tous les renseignements nécessaires
pour établir son état civil et sa moralité. L'acquéreur ou
l'héritier d'un bureau déjà existant devra, en outre, présenter un titre régulier établissant ses droits de propriété
sur le dit bureau. Enfin le postulant devra fournir un plan
sommaire du local où il se propose d'établir son bureau,
ce local devant remplir les conditions nécessaires dans
l'intérêt de l'hygiène et de l'ordre. Le placeur ne pourra
ensuite déplacer son bureau avant que son nouveau local
ait été agréé par le préfet de police (art. 2).

L'arrêté d'autorisation sera personnel ; le bureau devra
être tenu par le titulaire lui-même. Toute succursale est
prohibée (art. 3).

Le placeur devra indiquer à l'administration, lors de sa
demande d'autorisation, le tarif des droits de placement
qu'il entend exiger des employeurs. Le tarif adopté devra
être affiché ostensiblement dans l'intérieur du bureau,
ainsi qu'un exemplaire de la présente ordonnance (art. 7).

créés par les syndicats professionnels ouvriers, patronaux ou mixtes,
les Bourses du travail, les compagnonnages, les sociétés de secours
mutuels et toutes autres associations légalement constituées ;

Ordonnons ce qui suit :

(*Suit le texte de l'ordonnance en 14 articles répartis en trois titres :
Titre I : Bureaux payants, articles 1 à 9 ; Titre II : Bureaux gratuits,
articles 10 et 11 ; Titre III : Dispositions générales, articles 12, 13 et 14.*)

Chaque placeur devra tenir avec la plus grande régularité deux registres : l'un, destiné à l'inscription des demandes d'emplois, mentionnera les nom, prénoms, âge, profession et domicile de la personne à placer ainsi que les nom, profession et domicile de la personne chez qui elle aura été placée et la date du placement ; l'autre, destiné à l'inscription des offres d'emplois, mentionnera les nom, profession et domicile de l'employeur, la nature et les conditions de la place offerte, le taux du salaire offert, les nom, prénoms, âge, profession et domicile de la personne placée, la date du placement et la somme versée par l'employeur, soit à titre d'avance sur le droit de placement, soit pour solde de compte.

Tous les placements effectués par le placeur devront être inscrits sur les registres susindiqués, qui seront représentés à toute réquisition des agents de l'autorité (art. 4).

Toute pièce fournie à l'appui d'une demande d'emploi doit être restituée à première réquisition (art. 5).

Les droits de placement seront entièrement supportés par l'employeur sans qu'aucune rétribution puisse être reçue de l'employé, de quelque manière que ce soit.

Ils ne seront définitivement acquis au placeur que si la personne placée est restée huit jours au moins dans l'emploi procuré.

Pour les placements en extra, les droits de placement seront calculés par journée de travail. Si la personne placée en extra conserve son emploi plus de quinze jours, elle sera considérée comme placée à titre définitif et les droits seront calculés d'après le tarif des placements à demeure (art. 6).

Afin d'éviter un abus trop fréquent, il est formellement interdit aux placeurs d'annoncer, de quelque façon que ce soit, des emplois qu'ils n'auraient pas mandat de procurer (art 8).

Les placeurs actuellement autorisés continuent à jouir du bénéfice de leur autorisation, à charge par eux de se conformer aux prescriptions de la loi du 14 mars 1904 et de la présente ordonnance (art. 9), les ordonnances de police du 5 octobre 1852 et du 16 juin 1857 étant abrogées (art. 13 de l'ordonnance du 10 juin 1904).

§ 2. — Organisation du placement gratuit.

Le placement gratuit a été définitivement consacré par la loi du 14 mars 1904, qui l'a même rendu obligatoire pour les municipalités (art. 4) (1).

A. — *Création de bureaux de placement gratuit.*

L'article 2 de la loi du 14 mars 1904 décide que la création des bureaux de placement gratuit ne sera soumise à aucune autorisation, quand elle sera l'œuvre :

Des municipalités ;

Des syndicats professionnels ouvriers, patronaux et mixtes ;

Des Bourses du travail ;

Des compagnonnages ;

Des sociétés de secours mutuels ;

Et de toutes autres associations légalement constituées.

---

(1) Art. 4. — Dans chaque commune, un registre contenant les offres et demandes de travail et d'emplois devra être ouvert à la mairie et mis gratuitement à la disposition du public. A ce registre sera joint un répertoire où seront classées les notices individuelles que les demandeurs de travail pourront librement joindre à leur demande. Les communes comptant plus de 10.000 habitants seront tenues de créer un bureau municipal.

B. — *Déclaration préalable au fonctionnement des bureaux gratuits.*

La loi du 14 mars 1904, dans son article 3, soumet au dépôt d'une déclaration préalable le fonctionnement de tout bureau gratuit, sauf de ceux qui sont créés par les municipalités.

Cette déclaration préalable doit être effectuée à la mairie de la commune où le bureau est établi.

La déclaration doit être renouvelée à tout changement de local du bureau.

L'ordonnance du préfet de police, en date du 10 juin 1904, concernant les bureaux de placement, décide, dans son titre II : Bureaux gratuits, que les syndicats professionnels ouvriers, patronaux ou mixtes, les Bourses du travail, les compagnonnages, les sociétés de secours mutuels et toutes autres associations légalement constituées, qui ouvriront un bureau de placement gratuit, devront préalablement effectuer, à la Préfecture de police, conformément à l'article 3 de la loi du 14 mars 1904, une déclaration écrite qui contiendra l'indication du local affecté au bureau et qui sera signée soit par le président de la société, soit par un délégué de l'association, muni de pouvoirs suffisants à cet effet. Récépissé sera donné de chaque déclaration qui devra être renouvelée à tout changement de local (art. 10).

C. — *Fonctionnement des bureaux de placement gratuit.*

La loi du 14 mars 1904 a favorisé la création des bureaux de placement gratuit en les dispensant de toute autorisation (art. 2) ; nous avons vu qu'elle exigeait seulement une déclaration préalable à leur fonctionnement (art. 3).

La loi a facilité aussi ce fonctionnement en exemptant du droit de timbre les affiches, imprimées ou non, contenant exclusivement les offres et demandes de travail et d'emplois, et apposées par les bureaux de placement gratuit (art. 5).

Mais elle a exigé formellement en compensation que le placement fût toujours essentiellement gratuit dans tous ces bureaux, et elle a édicté des mesures répressives en cas de contravention à cette règle (art. 6).

a) *Gratuité absolue.* — Cette disposition a fait l'objet d'une lettre interprétative du ministre du commerce qu'il nous paraît intéressant de signaler :

Une chambre syndicale avait décidé, dans son assemblée générale du 9 mai 1904 : 1° la création d'un bureau de placement ; la rétribution du délégué au placement au moyen d'un versement préalable, par le patron demandeur, d'une somme de 5 francs par ouvrier et de 3 francs pour ouvrière ou employée.

Le ministre du commerce adressa le 11 noven   4 au préfet de police à Paris une lettre lui signan,   que l'application de cette décision constituerait une violation de la loi du 14 mars 1904.

L'article 6 de la loi stipule que « tout gérant ou employé d'un bureau de placement gratuit qui aura perçu une rétribution *quelconque* à l'occasion du placement d'un ouvrier ou employé sera puni des peines prévues à l'article 9 ».

La rémunération pour chaque placement, accordée à l'employé du bureau par les patrons demandeurs, changerait la nature du bureau et le constituerait à l'état de bureau de placement payant, soumis par conséquent à l'autorisation administrative.

Les frais d'un bureau de placement gratuit, créé par un syndicat professionnel, doivent être couverts par les ressources générales du syndicat, et la cotisation de chaque syndiqué ne peut pas varier d'après le nombre des demandes adressées par lui au bureau de placement syndical (1).

b) *Interdiction à tout hôtelier, logeur, restaurateur ou débitant de boissons de tenir un bureau de placement même gratuit.* — L'obligation de la gratuité absolue a conduit à interpréter l'article 8, qui décide qu'aucun hôtelier, logeur, restaurateur ou débitant de boissons ne peut joindre à son établissement la tenue d'un bureau de placement, en ce sens que cette prohibition s'applique à tout bureau, même gratuit. On pourrait voir en effet un payement indirect du placement dans le fait de payer des consommations ou des dépenses quelconques au directeur d'un de ces établissements, qui ferait en même temps du placement.

La jurisprudence, nous le verrons plus loin, a été très sévère à cet égard.

L'interprétation qu'avait donnée le ministre du commerce était peut être moins rigoureuse.

Le secrétaire de la Chambre syndicale des ouvriers boulangers de la Seine, à la Bourse du travail, avait adressé une plainte au président du Conseil : 1° contre une société de compagnons qui essayait de développer ses institutions de placement en créant de nouveaux sièges qu'elle installait chez les marchands de vins ; 2° contre deux syndicats professionnels récemment créés qui paraissaient vouloir ouvrir des bureaux de placement dans des rues où des bureaux supprimés avaient leur siège, l'un de ces syndicats se proposant d'ailleurs d'installer ses opérations chez un marchand de vins (2).

(1) *Bulletin de l'Office du travail*, novembre 1904, p. 1013.
(2) *Bulletin de l'Office du travail*, juin 1901, p. 551 à 553.

Le ministre du commerce, à qui le président du Conseil avait transmis la plainte, adressa au plaignant le 18 juin 1904 la réponse suivante :

« Vous voyez dans ces tentatives une violation de la loi du 14 mars 1904.

« J'ai l'honneur d'appeler tout d'abord votre attention sur le fait que, d'après l'article 2 de la loi, les syndicats professionnels ouvriers, patronaux ou mixtes, ainsi que les compagnonnages légalement constitués, soit en vertu de la loi de 1884 sur les syndicats, soit en vertu de la loi de 1901 sur les asssociations, peuvent sans autorisation ouvrir des bureaux de placement gratuit. L'action administrative doit forcément se borner à vérifier avec soin la légalité des syndicats et compagnonnages en cause, la gratuité absolue des opérations de placement et la stricte exécution des conditions mises par la loi du 14 mars 1904 à l'exercice du placement gratuit.

« Si, pour satisfaire à des intérêts et à des commodités de quartier, pour épargner des courses aux ouvriers sans travail et aux patrons, des syndicats ouvriers ou patronaux régulièrement constitués, croient devoir installer des bureaux de placement gratuit dans le voisinage de locaux précédemment occupés par des bureaux de placement payants, il n'y a là rien d'illégal ni d'ailleurs rien qui puisse vous alarmer tant que le placement s'y effectuera gratuitement dans les conditions fixées par la loi. Si l'un de ces syndicats affecte un employé spécial au service du placement et qu'il choisisse cet employé parmi des personnes au courant de ce service, il n'y a pas là non plus pratique contraire à la loi et pouvant donner lieu à des poursuites judiciaires. Mais je puis vous donner l'assurance que le gouvernement veillera strictement, comme la loi lui en fait un devoir, à ce que ces associations ne soient pas des syndicats professionnels fictifs couvrant simplement les opérations nouvelles de placeurs supprimés.

« Le droit qu'ont les associations syndicales et les sociétés compagnonniques en cause de créer des bureaux de placement gratuit étant inscrit dans la loi, il reste à examiner si la loi leur interdit d'établir le siège de leurs opérations chez un marchand de vins. L'article 3 de la loi dit que « aucun hôtelier, logeur, restaurateur ou débitant de boissons ne peut joindre à son établissement la tenue d'un bureau de placement. »

« Au cours des débats parlementaires, M. Rudelle, député, avait déposé un amendement tendant à ajouter à cet article les mots suivants : « à moins que ce soit un bureau de placement gratuit, dépendant d'un syndicat professionnel, d'un compagnonnage, d'une société de secours mutuels ou de toute autre association indiquée à l'article 2 de la présente loi ». Et M. Rudelle disait à l'appui de sa proposition : « Si vous empêchez les bureaux de placement gratuit dépendant soit des syndicats, soit des sociétés de compagnonnage ou de secours mutuels de se tenir dans un hôtel, chez un logeur, chez un restaurateur ou chez un débitant de boissons, vous paralyserez d'une manière complète l'action de ces bureaux de placement. — Dans beaucoup de communes, il n'y a pas de Bourse de travail et même là où il s'en trouve une, elle n'est ouverte qu'aux syndicats professionnels et ne peut être ouverte aux bureaux de placement qui sont établis par les sociétés de compagnonnage ou par les sociétés de secours mutuels. »

« M. Fournier, député, déposait un amendement à l'article 8, dans le même sens, et ainsi conçu : « Cette disposition ne pourra, en aucun cas, s'appliquer aux associations énumérées à l'article 2, qui pourraient avoir leur siège dans l'établissement d'un hôtelier, logeur, restaurateur ou débitant de boissons. » Et il ajoutait : « Lorsque j'ai pris connaissance de l'article 8 du projet de la Commission, j'ai été frappé par sa sécheresse et je me suis demandé si les syndicats. les sociétés de compagnonnage ne pourraient pas être victimes d'une équivoque juridique possible. — Ce sont surtout les sociétés compagnonniques qui seraient atteintes ; elles sont malheureusement trop peu connues. Ce sont des sociétés jouissant de leur autonomie complète elles sont, dans de nombreuses villes de notre pays, ce qu'elles appellent des mères compagnonniques, et généralement cette mère est la femme d'un ouvrier invalide, d'un ouvrier blessé, qui a été désignée par la société elle-même pour tenir l'établissement compagnonnique. La gestion de la société et la gérance de l'établissement sont absolument distinctes : c'est la société qui fait le placement, il n'y a donc jamais aucune confusion entre la qualité de propriétaire du restaurateur et la qualité de société ouvrière qui appartient à l'organisation compagnonnique. Si nous acceptons l'article 8 tel qu'il est rédigé, il pourrait se trouver des tribunaux qui diraient : dès lors qu'aucun logeur, aucun hôtelier ou aucun restaurateur ne peut tenir un bureau de placement, la société compagnonnique ou le syndicat ne peut plus occuper le local où elle était avant l'application de la loi. Il pourrait en résulter une grave atteinte aux organisations ouvrières qui, dans un grand nombre de villes, ne peuvent disposer ni d'une Bourse de travail, ni d'un syndicat sérieusement organisé et disposant d'un local. »

« Le président de la Commission demanda à la Chambre de repousser ces amendements et dit : « Du moment où l'article ne défend pas expressément à une association faisant du placement de se tenir chez une des personnes visées à l'article 8, elle le permet implicitement et le texte de nos collègues n'aurait d'autre effet que de donner lieu peut-être à des fraudes contre la loi ou tout au moins d'en alourdir inutilement le texte. »

Et le rapporteur, à son tour, ajoutait : « Il ne viendra à l'esprit de personne de supposer que lorsqu'un syndicat, un compagnonnage, une société de secours mutuels, n'ayant pas de locaux pour se réunir, se réunira dans un des établissements visés par l'article 8, on intentera des poursuites contre le propriétaire ou le tenancier dudit établissement. »

Après ces déclarations, MM. Rudelle et Fournier retirèrent leurs amendements.

« Il résulte nettement des textes que je viens de rappeler que c'est à l'hôtelier, logeur, etc., qu'il est interdit de tenir un bureau, et qu'il n'est pas entré dans l'esprit du législateur d'interdire à une société compagnonnique ni à un syndicat professionnel de se réunir chez un marchand de vins pour recevoir les offres et demandes de travail.

« Mais sur ce point encore, il peut se produire des abus.

« Il serait illégal qu'un syndicat professionnel ou une société compagnonnique se déchargeât, en une mesure quelconque, sur l'hôtelier, le logeur, le cabaretier, chez lequel il aurait son siège, de la partie de ses attributions relative au placement. Si à un moment quelconque ce commerçant, même dans le cas particulier où il pourrait être légalement membre du syndicat, s'immisce dans les opérations du placement, soit en fournissant des renseignements à la place d'un délégué au placement, soit de toute autre manière, et à plus forte raison s'il touche une rétribution directe en raison des opérations de placement effectuées chez lui, des poursuites judiciaires devront être exercées.

« Les sociétés compagnonniques qui utilisaient le marchand de vins comme intermédiaire à un titre quelconque doivent renoncer absolument à cet usage, et, sur ce point comme sur les précédents, l'administration veillera à assurer l'entière application de la loi.

« J'ajoute, pour clore ces explications, qu'il ne m'appartiendra pas de donner une interprétation souveraine du texte de la loi du 14 mars 1904, et, en particulier, qu'il vous appartient, si vous contestez le bien-fondé de la doctrine ci-dessus exposée, qui a inspiré l'ordonnance du préfet de police, en date du 10 juin 1904, de saisir le Conseil d'Etat d'un recours pour excès de pouvoir (1). »

Cette prohibition, édictée par l'article 8 de la loi du 14 mars 1904, a fait l'objet naturellement d'une disposition spéciale dans l'ordonnance du préfet de police du 10 juin 1904.

L'article 11 de cette ordonnance décide, en effet : « L'article 8 de la loi du 14 mars 1904 interdisant à tout hôtelier, logeur, restaurateur ou débitant de boissons de joindre à son établissement la tenue d'un bureau de placement, les associations, qui auraient établi leur bureau de placement chez l'une des personnes visées audit article, ne sauraient y être tolérées que si le tenancier de l'établissement ne s'occupe en aucune façon de la gestion du bureau de placement fonctionnant dans son local. Elles devront désigner un délégué spécial chargé du placement. En aucun cas, ce délégué ne pourra être l'hôtelier ou le

(1) *Bulletin de l'Office du travail*, juin 1904, p. 553.

débitant, même si celui-ci fait partie de l'association en question (art. 11). »

D'après l'interprétation du ministre du commerce et d'après le règlement qui précède, un bureau de placement gratuit pourrait être tenu dans un hôtel, un café ou un restaurant, mais à la condition expresse que l'hôtelier, le logeur, le restaurateur ou le débitant de boissons ne puisse s'immiscer dans la gestion du bureau de placement gratuit, afin qu'il ne soit porté obstacle ni directement ni indirectement à la gratuité absolue du placement.

c) *Accès du bureau de placement gratuit ouvert à toute personne.* — Il est peu probable que les syndicats professionnels, les compagnonnages, les sociétés de secours mutuels et, en général, les associations quelconques ouvrent leur bureau de placement gratuit à tout venant.

Mais il n'en est pas de même pour les Bourses de travail, et surtout pour les bureaux municipaux.

Pour les Bourses de travail, l'article 5 du décret du 17 juillet 1900, modifié par le décret du 11 août 1905 (1), décide que les salles d'embauchage installées dans les bâtiments de la Bourse du travail sont ouvertes aux ouvriers, employés et patrons de toutes professions, syndiquées ou non. Il ajoute que : quiconque aura une demande ou une offre de travail à faire y aura libre accès, sous certaine réserve que l'article 4 du règlement municipal (2) précise ;

(1) *Bulletin de l'Office du travail*, août 1905, p. 730 à 733. Décret du 11 août 1905, modifiant le décret du 17 juillet 1900, portant réorganisation de la Bourse du travail de Paris (*Journal officiel* du 17 août 1905). V. le décret du 17 juillet 1900, *Bulletin de l'Office du travail*, mars 1901.

(2) Règlement de la Bourse du travail de Paris, approuvé par délibération du conseil municipal de Paris, le 7 juillet 1905, *Bulletin de l'Office du travail*, octobre 1905, p. 919 à 921.

cet article subordonne l'accès de la Bourse du travail à l'obligation de se conformer au règlement intérieur, qui indique les conditions d'accès aux diverses parties de la Bourse du travail et aux locaux qui y sont installés.

Quant aux bureaux municipaux, l'intérêt de la prospérité générale est trop évident pour que l'accès de ces bureaux ne soit ouvert très largement à toute personne manquant de travail.

Le maire de Pau avait prié le ministre du commerce de lui faire connaître si le bureau municipal de placement gratuit qu'il avait créé à la mairie de Pau en conformité de l'article 4 de la loi du 14 mars 1904, devait recevoir les demandes et offres d'emplois faites par des personnes ne résidant pas à Pau.

Le ministre du commerce répondit, par une lettre en date du 21 octobre 1904, en faisant remarquer que les dépenses nécessitées par le fonctionnement d'un bureau de placement sont véritablement minimes en comparaison des avantages que l'institution peut procurer à la population. Ces avantages sont d'autant plus grands d'ailleurs que le bureau est largement ouvert à tous.

« En effet, que les offres émanent d'habitants de Pau ou qu'elles viennent du dehors, elles n'en sont pas moins susceptibles d'intéresser ceux de vos administrés qui cherchent du travail. On peut en dire autant des demandes d'emploi formées par des personnes n'habitant pas votre ville et qui cependant sont susceptibles d'être accueillies et même recherchées par les industriels résidant à Pau. »

Il ne faut pas perdre de vue, d'ailleurs, que la loi du 14 mars 1904 a eu pour but de substituer dans une certaine mesure les bureaux de placement gratuit aux bureaux payants et que, si le fonctionnement des bureaux municipaux se trouvait limité aux habitants de la ville, une partie des demandes reçues par les anciens bureaux risqueraient de se trouver sans aucun moyen de se produire.

Une telle procédure doit être, évidemment, considérée comme contraire à l'esprit de la nouvelle loi.

Le ministre concluait : « J'estime donc, dans ces conditions, que votre bureau doit recevoir indistinctement toutes les demandes et offres d'emploi qui lui seront présentées (1). »

§ 3. — Jurisprudence.

Nous avons réuni dans ce paragraphe 3, toutes les décisions judiciaires que nous avons pu recueillir et qui nous ont paru intéressantes, à cause de l'interprétation donnée par les tribunaux à certaines dispositions, pour apprécier les effets que la loi nouvelle pourra produire dans l'avenir.

Nous les grouperons sous les rubriques suivantes :

A. Infractions aux règles relatives à l'autorisation des bureaux de placement payant ;

B. Infractions à la règle relative au payement du droit de placement par l'employeur ;

C. Infractions à la défense faite à tout hôtelier, logeur, restaurateur ou débitant de boissons de joindre à son établissement la tenue d'un bureau de placement.

Chacune de ces rubriques sera subdivisée suivant la nature spéciale de chaque infraction.

A. — *Infractions aux règles relatives à l'autorisation des bureaux de placement payant.*

Ces infractions sont de deux sortes : les unes commises

(1) *Bulletin de l'Office du travail*, novembre 1904, p. 1012.

par des bureaux clandestins qui font du placement sans
avoir aucune autorisation ; la répression ne soulève
qu'une difficulté de preuve ou de fait ; les autres commises
par des bureaux autorisés qui ont reçu l'autorisation de
faire le placement de domestiques, employés ou ouvriers
de certaines professions déterminées, et qui font le placement de domestiques, d'employés ou d'ouvriers non visés
dans l'arrêté municipal qui les a autorisés ; ceci soulève
une question d'interprétation des termes des arrêtés ou
des règlements, et par conséquent une difficulté de droit.
Nous verrons plus loin que la Cour de cassation a été sai-
sie d'une difficulté de ce genre.

α. Défaut d'autorisation. — Le tribunal correctionnel de
la Seine (8ᵉ chambre), par jugement du 22 septembre 1904,
condamnait deux tenanciers d'un bureau clandestin, par
application de l'article 9 de la loi du 14 mars 1904, solidairement chacun à 50 francs d'amende et solidairement aux
dépens, fixant au minimum la durée de la contrainte par
corps et par le motif suivant :

« Attendu qu'il résulte des documents de la cause et des débats
que dans le courant du mois de juin 1904, à Paris, A... et B.... ont
contrevenu aux dispositions de la loi sur les bureaux de placement :
1° en exploitant un bureau de placement sans autorisation préalable
et sans avoir effectué les déclarations prescrites par la loi ; 2° en per-
cevant une rétribution d'un employé à l'occasion d'un placement ;
délits prévus et punis par les articles 59, et 11 de la loi du 14 mars
1904, 10 et 12 de l'ordonnance de police du 10 juin 1904 (1). »

Dans cette catégorie d'affaires, il n'y a qu'une difficulté
de preuve ou de fait ; la difficulté d'interprétation est plus
grande s'il y a abus d'autorisation.

(1) *Bulletin de l'Office du travail*, décembre 1904, p. 1081.

β. *Abus d'autorisation.* — Le 10 janvier 1905, la Cour d'appel de Paris rendait l'arrêt suivant :

« Considérant que X... a été, par décision du préfet de police du 2 août 1890, autorisé à tenir un bureau pour le placement des employés et des domestiques ;

« Qu'il a reconnu, tant dans son interrogatoire devant le commissaire de police qu'à l'audience du tribunal correctionnel devant lequel il a comparu, avoir placé, en vertu de cette autorisation, des employés de marchands de vins, restaurateurs et hôteliers, avant la promulgation de la loi du 16 mars 1904, et avoir continué depuis cette époque ces sortes de placement, prétendant n'avoir fait qu'user de son droit ;

« Qu'il est en outre établi, par un procès-verbal du commissaire de police du quartier des Quinze-Vingts, qu'à la date du 27 août 1904, sur un tableau placé à la porte du bureau de placement tenu par le prévenu, figuraient trois affiches offrant des emplois, l'une à une bonne de marchand de vins, l'autre à une cuisinière de marchand de vins et la troisième à une bonne d'hôtel ;

« Qu'il résulte de ce qui précède que, postérieurement à la loi du 14 mars 1904 et à l'ordonnance du préfet de police du 10 juin de la même année, X... s'est livré au placement des employés de marchands de vins, restaurateurs et maîtres d'hôtel ;

« Considérant qu'on ne saurait admettre, comme le soutient le prévenu, que les mots « employés et domestiques », qui se trouvent dans l'autorisation du 2 août 1890, lui conféraient le droit de placer des employés de toute nature ; que cette expression se réfère exclusivement aux personnes rangées par l'usage sous la dénomination de gens de maison ;

« Qu'il résulte des documents versés aux débats que l'administration en a toujours ainsi déterminé la portée, chaque fois qu'elle a été appelée à statuer sur les demandes d'extension qui lui ont été soumises et auxquelles elle a refusé de souscrire ;

« Considérant que cette limitation est encore nettement établie par la division des bureaux de placement en catégories spéciales pour lesquelles un tarif distinct des droits de placement a été établi conformément au décret du 25 mars 1852 et à l'ordonnance du 5 octobre suivant, tarif qui ne peut être ni augmenté ni diminué par le placeur ;

« Que le droit à percevoir pour les employés et domestiques est fixé à 3 0/0 du salaire annuel, alors qu'il n'est que de 1 1/2 0/0 pour le personnel des limonadiers ;

« Considérant que l'autorisation accordée à X... l'oblige à percevoir une indemnité de 3 0/0, qu'elle est donc exclusive du droit de placer les limonadiers et tous autres employés de commerce et de l'industrie pour lesquels une indemnité spéciale et différente est prévue par le règlement ;

« Que, par suite, les moyens soulevés par le prévenu ne sauraient être utilement opposés, ni faire échec aux constatations du procès-verbal, d'ou il résulte que le prevenu s'est livré sans autorisation au placement du personnel des limonadiers et a ainsi contrevenu aux dispositions de la loi du 14 mars 1904 et de l'ordonnance de police du 10 juin suivant ;

« Par ces motifs,

« Infirme le jugement dont est appel ;

« Et, faisant application au prévenu des dispositions de l'ordonnance du 1er juin 1904 et de l'article 9 de la loi du 14 mars 1904 ;

« Condamne X... à 16 francs d'amende ;

« Dit qu'il sera sursis à l'exécution de la peine. »

Le 17 mars 1905, la Cour de cassation rendait un arrêt cassant et annulant l'arrêt de la Cour d'appel de Paris, du 10 janvier 1905, rendu contre X...

Il nous paraît utile de le reproduire intégralement ici.

En voici le texte :

La Cour,

Ouï M. le conseiller Laurent-Atthalin en son rapport, M. Le Marois, avocat à la Cour en ses observations pour X..., et M. l'avocat général Lombard en ses conclusions ;

Vu le mémoire produit à l'appui du pourvoi ;

Sur l'unique moyen proposé par le demandeur, pris « de la violation et fausse application du décret du 25 mars 1852 et de l'ordonnance du 5 octobre suivant, de l'arrêté d'autorisation du bureau de placement X..., de la loi du 14 mars 1904 et de l'ordonnance préfectorale du 10 juin 1904, en ce que l'arrêt attaqué a considéré que l'autorisation donnée au demandeur pour le placement des *employés et domestiques* devait être restreinte aux *gens de maison* et ne lui permettait pas de placer des employés dans le commerce de l'alimentation, alors que le sens du mot « employé » est absolument général et ne comporte pas cette restriction, et alors d'ailleurs que l'interprétation contraire a été consacrée, depuis 1852, par l'administration elle même :

« Attendu que, poursuivi pour avoir outrepassé, en plaçant des employés de l'alimentation, l'autorisation de placement à lui délivrée par le préfet de police le 2 août 1890, le prévenu excipe à bon droit du sens usuel et normal des termes dans lesquels cette autorisation est conçue ; — qu'en effet, la teneur de ce document visé n'offre aucune ambiguïté, X... étant formellement autorisé à tenir un bureau de placement pour *employés et domestiques*, avec inscription des demandes des postulants, et des offres des *patrons ou maîtres* ;

« Attendu qu'à la vérité l'arrêt déclare que, en autorisant X... à placer les « employés et domestiques », l'arrêté préfectoral du 2 août 1890 lui a uniquement permis le placement des *gens de maison* ;

« Mais attendu que le mot « employé » dont le sens n'est pas limité par les termes de l'arrêté d'autorisation, a une portée générale, à la différence du mot « domestique », qui désigne les seules personnes dites « gens de maison » ; qu'en l'espèce, l'expression d'« employés » se présente évidemment dans son acception usuelle, puisque le même arrêté s'est servi d'autre part des expressions de « patrons ou maîtres », corrélative à celles d'*employés et domestiques*, dont le sens, encore ainsi précisé, ne peut dès lors comporter les restrictions admises dans l'arrêt ;

« D'où il suit qu'en faisant le placement, sous le couvert de l'autorisation précitée, d'employés, notamment de marchands de vins, de restaurateurs et d'hôteliers, et en faisant offre d'emplois de cette nature, le prévenu n'a pu violer l'ordonnance de police du 10 juin 1903, ni encourir les pénalités prévues dans l'article 9 de la loi du 14 mars précédent dont il lui a été fait application ;

« Par ces motifs,

« Casse et annule l'arrêt de la Cour d'appel de Paris, du 10 janvier 1905, rendu contre X..., et pour être statué à nouveau, conformément à la loi sur l'appel interjeté par le procureur général près ladite Cour, du jugement du tribunal correctionnel de la Seine, du 3 novembre 1904, renvoie la cause et les parties devant la Cour d'appel d'Orléans à ce désignée par délibération spéciale en la Chambre du conseil (1). »

La Cour d'Orléans a statué le 4 juillet 1905 (2).

(1) *Bulletin de l'Office du travail*, avril 1905, p. 326 et 327.
(2) *Bulletin de l'Office du travail*, septembre 1905, p. 802 et 803.

« La Cour,

Après en avoir délibéré conformément à la loi, rapportant son délibéré, a rendu l'arrêt suivant :

« Attendu que X... a été, par décision du préfet de police du 2 août 1890, autorisé à tenir un bureau pour le placement des employés et domestiques ; qu'il a reconnu avoir placé, en vertu de cette autorisation, des employés de marchands de vins, restaurateurs et hôteliers, avant la promulgation de la loi du 14 mars 1904 et avoir continué depuis cette époque ces sortes de placement, prétendant n'avoir fait qu'user de son droit ;

« Attendu qu'il est établi en outre, par un procès-verbal du commissaire de police du quartier des Quinze-Vingts, qu'à la date du 27 août 1904, sur un tableau placé à la porte du bureau de placement tenu par le prévenu, figuraient trois affiches offrant des emplois, l'une à une bonne de marchand de vin, l'autre à une cuisinière de marchand de vin et la troisième à une bonne d'hôtel ; que X... est poursuivi pour avoir, postérieurement à la loi du 14 mars 1904 et à l'ordonnance du préfet de police du 10 juin 1904, placé, sans y être autorisé, des employés de marchands de vins, restaurateurs et maîtres d'hôtel ; que suivant la prévention, les mots « employés et domestiques », qui se trouvent dans l'autorisation accordée à X..., se réfèrent exclusivement aux personnes rangées par l'usage sous la dénomination de « gens de maison » ; que l'administration en a toujours ainsi déterminé la portée, chaque fois qu'elle a été appelée à statuer sur les demandes d'extension qui lui ont été soumises et auxquelles elle a refusé de souscrire ;

« Mais attendu que le prévenu excipe à bon droit du sens usuel et normal des termes de l'arrêté d'autorisation ; qu'en effet, le mot « employés » dont le sens n'est pas limité par l'arrêté, a une portée générale à la différence du mot « domestiques » qui désigne les seules personnes dites « gens de maison » ; qu'il n'est pas douteux que le mot « employés » ne se présente en l'espèce avec son acception usuelle, puisque l'arrêté s'est servi d'autre part des expressions « patrons ou maîtres » corrélatives à celles « d'employés et domestiques » dont le sens, ainsi précisé, ne peut, dès lors, comporter les restrictions indiquées par la prévention ;

« Attendu que cette interprétation trouve sa confirmation dans le mode d'exécution qui a été donné à l'arrêté d'autorisation ; qu'en effet, depuis 1890 et durant quatorze ans, X... n'a cessé de placer dans une proportion très importante, des domestiques et des employés dans l'alimentation, et ce, à la connaissance et sans opposition de la préfecture de police, puisque le commissaire de police du quartier de X... visait tous les mois les registres de ce dernier, registres indiquant l'emploi fourni comme la profession du patron chez lequel le placement était fait ;

« Attendu que la prévention soutient vainement que l'autorisation accordée à X.... l'obligeant à percevoir une indemnité de 3 0/0 du salaire annuel, est exclusive du droit de placer les garçons limonadiers et tous autres employés pour le placement desquels le droit à percevoir est inférieur à 3 0/0 aux termes du règlement ;

« Mais attendu que le règlement lui-même n'est pas tellement absolu que la préfecture de police n'ait pu, à divers tenanciers de bureaux de placement jouissant de la même autorisation, appliquer parfois des tarifs différents, que c'est ainsi que X... produit une autorisation concédée le 28 octobre 1872 à Mme Y..., demeurant rue   , n°   , pour le placement « d'employés et domestiques », avec le droit de percevoir 5 0/0 du salaire annuel des personnes placées ; que, dans ces circonstances, on ne saurait s'arrêter à l'objection tirée de tarifs qui ne sont pas uniformément imposés à tous les tenanciers d'une même catégorie ; d'où il suit qu'en faisant le placement d'employés, notamment de marchands de vins, de restaurateurs et d'hôteliers, et en faisant offre d'emplois de cette nature, X... n'a pas violé l'ordonnance de police du 10 juin 1904, ni encouru les pénalités prévues dans l'article 9 de la loi du 14 mars précédent ;

« Par ces motifs,

« Confirme le jugement rendu par la 9e chambre du tribunal de la Seine le 3 novembre 1904 ; renvoie X... des fins de la poursuite sans dépens. »

Nous examinerons plus loin (1) les conséquences de cette décision.

B. — *Infractions à la règle relative au payement du droit de placement par l'employeur.*

Nous avons indiqué plus haut un jugement du tribunal correctionnel de la Seine (8e chambre) qui a condamné deux placeurs coupables d'avoir perçu une rétribution d'un

(1) Voir *infra*, p. 196.

employé à l'occasion d'un placement, délit prévu et puni
par l'article 11 de la loi du 14 mars 1904, et les articles 6
et 13 de l'ordonnance de police du 10 juin 1904 (1).

Le jugement du tribunal de Belfort que nous citons
plus loin constate aussi une infraction directe à la loi,
par le fait d'avoir fait payer par l'ouvrier le droit de
placement.

Mais nous croyons qu'il y a aussi infraction quand le
placeur, d'accord avec le patron, a opéré une perception
indirecte sur l'ouvrier ou employé, au moyen d'une réduction du salaire proportionnelle au droit du placement.

α. Perception directe du droit de placement sur l'ouvrier.
— Le tribunal correctionnel de Belfort a rendu à ce sujet,
le 10 juin 1904, le jugement suivant :

« Attendu qu'aux termes de l'article 11 de la loi du 14 mars 1904,
les frais de placement touchés dans les bureaux de placement maintenus à titre payant seront supportés par les employeurs et sans
qu'aucune rétribution puisse être reçue des employés ;

« Attendu que tel n'est pas le cas de l'inculpé qui, au mépris de
la dite loi, a reçu, du nommé L..., qu'il avait placé dans un hôtel
de Belfort, la somme de 3 francs pour rémunération de ce placement ; que l'inculpé est dès lors passible de la pénalité édictée par
l'article 9 de la loi ;

« Déclare le prévenu coupable d'avoir, à Belfort, en avril ou mai
1904, contrevenu à l'article 11 de la loi des 14 et 17 mars 1904 en
recevant une rétribution d'un ouvrier qu'il a placé, le nommé L... ;

« Et pour la répression,

« Le condamne à 16 francs d'amende, conformément aux articles 9
et 11 de la loi du 14 mars 1904 (2). »

*β. Perception indirecte sur l'ouvrier ou employé, au
moyen d'une réduction de salaire proportionnelle au droit*

(1) Voir suprà, p. 173, *Bulletin de l'Office du travail*, décembre 1904,
p. 1081.

(2) Trib. corr. Belfort, jugement du 10 juin 1904, *Bulletin de
l'Office du travail*, août 1904, p. 719.

du placement. — Le tribunal de paix de Paris (XIV⁰
arrond.) a rendu, le 14 septembre 1905, le jugement suivant :

« Le tribunal,

« Attendu que, par exploit du 28 août 1905, la demoiselle A... a
cité B... en payement de la somme de 10 francs, pour 10 jour-
nées de salaire, comme fille de salle à manger, au service de celui-ci ;

« Attendu qu'il est constant et reconnu que la demoiselle A... est
entrée dans l'établissement de B .., le 15 août 1905, aux gages de
30 francs par mois, et qu'elle en est effectivement sortie au bout de
10 jours ;

« Mais que B... prétend que la rétribution due au bureau de placement qui lui avait désigné sa fille de service concerne exclusivement cette dernière, qu'il lui avait remis la somme de 10 francs
pour aller payer cette rétribution, et que, par suite, il s'est ainsi
libéré des 10 francs de gage, dont il était redevable ;

« Qu'au soutien de sa défense, B... produit :

1° Le bulletin d'envoi du bureau de placement où il est dit, en
caractères imprimés, d'après le tarif préfectoral : « qu'en cas de
conventions contraires, le montant du droit indiqué au bulletin
devra toujours être payé au placeur par le maître ou patron », et en
caractères manuscrits, que le gage est de 30 francs « sans payer de
bureau » :

2° Une déclaration en forme de la tenancière du bureau qui atteste
que « le gage devait être de 20 francs, frais à la charge du patron,
ou de 30 francs, frais à la charge de la fille de service, et que la
demoiselle A... préféra 30 francs, disant qu'elle s'arrangerait avec
le bureau ;

« Attendu qu'aux termes de l'article 16 de la loi du 19 mars 1904,
laquelle est applicable aux « employés et ouvriers des deux sexes et
de toutes professions », « les frais de placement touchés dans les
bureaux maintenus à titre payant sont (désormais) supportés par les
employeurs, sans qu'aucune rétribution puisse être reçue des employés » ;

« Attendu qu'en présence de cette règle impérative et générale,
absolue, et même d'ordre public, puisqu'elle est sanctionnée par une
pénalité correctionnelle, il semble impossible d'admettre qu'on ait
pu convenir avec la demoiselle A... qu'elle prendrait à sa charge
les frais du placement la concernant ; que, par conséquent, le système de défense de B. ., même appuyé sur le tarif préfectoral,
tombe tout entier ;

« Attendu qu'à supposer, pour lui faire reste de raison, que, dans la loi du 19 mars 1904, l'article 16 fût de nature à prêter, à cause soit du texte, soit des circonstances de l'affaire, à quelque discussion, on ne trouve point, dans les éléments des espèces, la preuve de cette convention contraire dont il est question dans le tarif préfectoral et dont B... se prévaut ; qu'il est certain que la demoiselle A... n'a point participé à la rédaction du bulletin d'envoi et qu'elle n'y a point apposé sa signature ; qu'il n'est pas établi qu'on lui ait délivré un document quelconque, où la mention manuscrite portée sur le bulletin d'envoi aurait été reproduite ;

« Attendu que la déclaration fournie, le 6 septembre, c'est-à-dire la veille de la dernière audience, et pour les besoins de la cause, par la tenancière du bureau de placement, n'offre pas les garanties nécessaires d'exactitude à la justice et ne saurait, dès lors, être retenue comme probante, ou, seulement, comme susceptible de donner ouverture à des présomptions ;

« Attendu enfin qu'on ne s'explique pas, si B... avait remis, avec une affectation déterminée, la somme de 10 francs entre les mains de la demoiselle A..., qu'il n'ait pas eu soin d'exiger une quittance justificative qui, dans sa pensée, aurait eu pour effet de le libérer de sa dette envers son employée ; que cette circonstance, qui est déterminante, est bien faite pour inspirer des doutes au tribunal ; qu'en de telles conditions, et à tous les points de vue, la demande, malgré les objections de B..., est pleinement fondée et doit être accueillie ;

« Par ces motifs, jugeant publiquement, contradictoirement et en dernier ressort, condamne B... à payer à la demoiselle A... la somme de 10 francs pour solde de gages, avec dépens (1). »

Dans cette affaire purement civile, le patron a été condamné à restituer le montant du droit de placement qu'il avait indûment retenu sur le salaire de son employée.

Mais il n'est pas douteux que le placeur et le patron s'étaient entendus pour tourner la loi et la violer ; il y a là un délit justiciable de la police correctionnelle, et le placeur aurait dû être condamné pour infraction à l'arti-

(1) *La Loi*, 21-22-23 septembre 1905, *Bulletin de l'Office du travail*, octobre 1905, p. 902 et 903.

cle 11 de la loi du 14 mars 1904, le patron comme complice.

C. — *Infractions à la défense faite à tout hôtelier, logeur, restaurateur ou débitant de boissons de joindre à son établissement la tenue d'un bureau de placement.*

Nous avons vu plus haut (1) que cette défense s'appliquait à tous les bureaux, même gratuits, et d'une manière absolue. Nous avons ajouté que la jurisprudence avait été très sévère à cet égard.

Nous allons signaler plusieurs jugements et arrêts qui prononcent des condamnations contre des placeurs même autorisés dans les mêmes conditions par arrêtés municipaux antérieurs à la loi.

Nous verrons ensuite la condamnation d'un débitant de boissons qui avait, comme directeur puis agent d'une société de secours mutuels, installé un bureau de placement gratuit dans un local contigu à son cabaret, et d'un autre débitant de boissons qui, agent d'un syndicat de patrons, avait installé le bureau de placement gratuit du syndicat dans un local situé en face de son café et qui avait pris la précaution de céder à sa femme son établissement.

α. Condamnation malgré autorisation antérieure à la loi. — Trois jugements du tribunal correctionnel de Melun, suivis d'un arrêt de la Cour d'appel de Paris, un jugement du tribunal correctionnel de Coulommiers ont prononcé des condamnations contre des placeurs qui avaient été autorisés cependant dans les mêmes conditions par arrêtés municipaux antérieurs à la loi.

A Melun, les condamnations ont été prononcées con-

(1) Voir *supra*, p 161 et 162.

tre un marchand de vins qui s'occupait du placement des compagnons vachers ;

Contre un restaurateur qui tenait un bureau de placement pour ouvriers agricoles ;

Contre un marchand de vins logeur qui faisait le placement pour garçons boulangers.

A Coulommiers, la condamnation a été prononcée contre une débitante de boissons qui faisait le placement pour toute personne qui s'adressait à elle.

1° Le 27 juillet 1904, le tribunal correctionnel de Meaux rendait trois jugements conformes (1) ; voici le texte de l'un d'eux :

« Le tribunal,
Après en avoir délibéré conformément à la loi, jugeant en audience publique, en premier ressort ;
« En ce qui concerne l'inculpation d'infraction à l'article 11 de la loi du 14 mars 1904 :
« Attendu que la prévention de ce chef n'est pas suffisamment justifiée ;
« Acquitte purement et simplement R...
« En ce qui concerne l'inculpation d'infraction à l'article 8 de ladite loi :
« Attendu que de l'instruction, des débats et de l'aveu même du prévenu résulte preuve contre lui d'avoir, depuis la promulgation de la loi ci-dessus et notamment au cours du mois de juin 1904, à Meaux, étant hôtelier, logeur, restaurateur ou débitant de boissons, tenu un bureau de placement joint à son hôtel, garni, restaurant ou débit ;
« Attendu qu'à la vérité R... soutient que, suivant l'arrêté de M. le maire de Meaux en date du 9 mai 1896, il avait été autorisé à tenir un bureau de placement pour garçons boulangers dans son établissement de marchand de vins, rue..... ; qu'il ajoute que cette autorisation telle qu'elle lui aurait été délivrée constituerait à son profit un droit qui, d'après le texte et l'esprit de la loi dont s'agit, ne pourrait lui être enlevé que par l'autorité municipale et moyennant une juste indemnité ;

(1) *Bulletin de l'Office du travail*, septembre 1904, p. 799.

« Mais attendu que le tribunal n'a qu'à se référer à l'article 8 de
la loi de 1904 ; qu'il ne s'agit dans l'espèce d'aucune suppression de
bureau de placement et conséquemment d'aucune indemnité ;

« Or, attendu qu'ainsi qu'il vient d'être constaté ci-dessus, R... a
réellement commis l'infraction qui lui est reprochée, infraction qui
constitue le délit prévu et réprimé par l'article 8 de la loi du 14 mars
1904 ;

« Par ces motifs,

« Condamne R... en 16 francs d'amende ;

« Et attendu qu'il n'a subi jusqu'à présent aucune condamnation
pour crime ou délit de droit commun et que les renseignements recueillis lui sont favorables, dit qu'il sera sursis à l'exécution de la
peine dans les conditions de l'article 1er de la même loi, la peine qui
vient d'être prononcée sera exécutée sans confusion possible avec
celle qui serait ultérieurement prononcée, et que les peines de la
récidive seront encourues dans les termes des articles 57 et 58 du Code
pénal ;

« Le condamne en outre au remboursement des frais liquidés à
dix-sept francs quatre-vingt huit centimes, en ce compris trois francs
pour droit de poste, le timbre, l'enregistrement et les extraits du
présent jugement ;

« Fixe quant à l'amende et au payement des frais envers l'Etat,
la durée de la contrainte par corps à deux jours, minimum de la
loi (1). »

Sur appel, la Cour de Paris (9e chambre) rendit, le
26 novembre 1904, l'arrêt suivant :

« La Cour,
Statuant sur les appels interjetés par R... et le ministère public
du jugement sus-énoncé et y faisant droit ;

« Considérant qu'il est constant en fait que R... exerce à Meaux
et dans les mêmes locaux, la double profession d'hôtelier-logeur et
de tenancier d'un bureau de placement ;

« Considérant qu'aux termes de l'article 8 de la loi du 14 mars
1904, aucun hôtelier-logeur ne peut joindre à son établissement la
tenue d'un bureau de placement ;

« Considérant que R... excipe pour sa défense d'un arrêté municipal en date du 3 novembre 1899 qui l'a autorisé à tenir un bureau

(1) *Bulletin de l'Office du travail*, septembre 1904, p. 799 et 800.

de placement dans son établissement et qu'il soutient que cet arrêté
lui donne un droit qui ne peut lui être enlevé que par l'autorité
municipale et moyennant l'indemnité prévue par l'article 1er de la
loi du 14 mars 1904 ;

« Mais considérant qu'un arrêté municipal ne saurait prévaloir sur
une disposition législative et que la loi de 1904 a eu pour effet de
faire tomber tous les arrêtés contraires à ses prescriptions ;

« Considérant d'autre part, que l'action intentée par le ministère
public ne tend pas à la suppression du bureau de placement de R... ;
qu'il lui est loisible, soit de le céder, soit de continuer à l'exploiter
lui-même en cessant d'exercer la profession d'hôtelier-logeur ;
qu'ainsi il ne se trouve pas dans le cas prévu par l'article 1er de la
loi du 14 mars 1904 et ne saurait prétendre à une indemnité ;

« Considérant que R... a donc commis le délit qui lui est reproché ;

« Par ces motifs,

Et adoptant ceux des premiers juges, confirme le jugement dont
est appel ; dit qu'il sortira son plein et entier effet ; condamne
R... aux dépens de son appel (1). »

2° Le tribunal correctionnel de Coulommiers rendait, le
27 juillet 1904, le jugement suivant :

« Attendu que la dame G... inculpée d'avoir, du 18 mars au
1er avril 1904, contrevenu aux dispositions de l'article 8 de la loi du
14 mars 1904, en joignant à son établissement de débitante de boissons la tenue d'un bureau de placement, soutient que cet article ne
lui est pas applicable, la situation incriminée existant antérieurement à la promulgation de la loi, et qu'aucun arrêté municipal de
suppression ne lui ayant été notifié, elle ne peut être considérée
comme étant en contravention ;

« Mais attendu qu'il résulte, tant des exposés des motifs que des
débats qui ont eu lieu à la Chambre et au Sénat, que l'intention du
législateur a été d'interdire d'une façon absolue la tenue simultanée
d'un fonds d'hôtelier-logeur, restaurateur ou débitant de boissons
et d'un bureau de placement et que cette interdiction doit s'appliquer tant aux bureaux existants qu'à ceux qui pourraient être créés
dans l'avenir :

« Attendu, d'autre part, que l'article 11 qui proscrit un arrêté

(1) *Bulletin de l'Office du travail*, mars 1905, p. 228 et 229.

pris à la suite d'une délibération du conseil municipal, n'est relatif qu'aux cas de suppression d'un bureau de placement prévus par l'article 1er ; qu'un arrêté de cette nature n'ayant pas été rendu, le bureau de la dame G... n'est pas supprimé, et qu'elle est en droit de continuer à le tenir, mais à la condition de ne pas exploiter en même temps un des établissements visés par la loi ; qu'aucun délai ni aucune formalité n'ayant été indiqués par la loi, le fait seul d'avoir continué cette double exploitation postérieurement à la promulgation a rendu la contrevenante passible des peines prévues par l'article 9 ;

« Par ces motifs,

« Le tribunal, après en avoir délibéré, jugeant publiquement, en matière correctionnelle, et en premier ressort, déclarant la prévenue coupable de la contravention ci-dessus spécifiée, la condamne (1). »

β. *Prohibition à tout hôtelier, logeur, restaurateur ou débitant de boissons de tenir, même comme agent d'une société de secours mutuels ou d'un syndicat, un bureau de placement gratuit.* — Nous pouvons donner ici le texte d'un jugement du tribunal correctionnel de Lille, condamnant un débitant de boissons qui avait, comme directeur puis agent d'une société de secours mutuels, installé un bureau de placement gratuit dans un local contigu à son cabaret ; et d'un arrêt de la Cour de Douai confirmant la condamnation d'un débitant de boissons qui, agent d'un syndicat patronal, avait installé le bureau de placement gratuit du syndicat dans un local situé en face de son café et qui avait pris la précaution de céder à sa femme son établissement. Il est vrai que cette installation dans un autre local et cette cession à sa femme avaient paru faites pour les besoins de la cause et avaient été démenties par la découverte des registres de placement dans la cuisine du débitant.

(1) *Bulletin de l'Office du travail*, août 1905, p. 714 et 715.

1° Jugement du tribunal correctionnel de Lille, en date
du 5 novembre 1904 :

« Le tribunal,

« Attendu que E... est poursuivi pour avoir, étant débitant de
boissons, joint à son établissement la tenue d'un bureau de placement et contrevenu ainsi aux dispositions prohibitives de la loi du
14 mars 1904 ; que le prévenu reconnaît qu'il est toujours tenancier
d'un café, rue   , et que la société de secours mutuels « L'Etoile
du Nord de la France », dont il était précédemment le directeur, a
créé un bureau de placement situé au n° ... de la même rue ;

« Attendu qu'il importe peu que ce bureau se trouve dans la salle
même du cabaret ou dans une maison voisine ; que l'article 8 de la
loi précitée ne dit pas, en effet, qu'il est interdit à un débitant d'a-
voir, dans un établissement, un bureau de placement, mais qu'il ne
peut joindre à un établissement la tenue d'un de ces bureaux ; que
ce terme « joindre » indique nettement qu'il s'agit là simplement
d'une annexe qui se rattache au débit de boissons par le lien qui a
créé entre eux une direction commune, sans qu'il soit nullement
nécessaire qu'ils se trouvent confondus l'un et l'autre dans un seul
et même lieu ; que si cette interprétation ressort visiblement du
texte même de l'article 8, c'est aussi la seule vraiment conforme à
l'esprit de la loi ; que ce que cette loi a voulu, en effet, c'est qu'aucun
hôtelier, logeur, restaurateur ou débitant de boissons ne puisse obtenir, sous forme de payement de consommations, une rémunération
à laquelle la gratuité, but principal du législateur, fait précisément
obstacle, et arriver ainsi, selon l'énergique expression du rapporteur, à pomper les économies de l'ouvrier en quête d'emploi, si
bien qu'en peu de temps, le pécule, accumulé en prévision du manque de travail, se trouve absorbé tout entier ;

« Attendu que l'examen des travaux préparatoires ne peut laisser
aucun doute à ce sujet ; qu'il a été entendu, il est vrai, que lorsqu'un syndicat, un compagnonnage ou une société de secours mutuels, même s'occupant de placement et n'ayant pas de locaux pour
se réunir, se réunira dans un des établissements visés par l'article 8, il n'y aura pas lieu d'intenter des poursuites contre le tenancier de cet établissement ; qu'en présence de cette déclaration, un
amendement qui avait été proposé sur ce point a été retiré, mais
qu'il l'a été après avoir été repoussé par la Commission du travail,
qui l'a combattu précisément par cette raison que l'auteur de cet
amendement, supposant qu'un président d'une des associations ci-

dessus mentionnées pourrait être en même temps restaurateur ou débitant, demandait à la Chambre de spécifier que l'article 8 serait, dans ce cas, inapplicable ; que le président de la Commission du travail a alors répondu que ce cas particulier apporté à la tribune, mieux que tout autre raisonnement, démontrait quel serait le péril de l'introduction, dans le texte, de l'addition proposée, puisqu'elle permettrait, contre l'intention de la loi, à une des personnes auxquelles la tenue d'un bureau de placement gratuit est interdite, de transformer sa maison en bureau de placement, sous le couvert de la société dont il serait le président ; qu'il est donc clair que ce n'est nullement le lieu où peut fonctionner tel ou tel bureau de placement, qui a été le véritable objet de la préoccupation du législateur, mais que, redoutant par dessus tout l'opposition d'intérêts qui existent forcément entre un débiteur placeur et ceux qui s'adressent à lui, ce qu'il a cherché particulièrement à atteindre, c'est la gestion personnelle de ce débitant ou son immixtion plus ou moins déguisée dans l'administration du bureau ; qu'il importe, dès lors, de bien poser en principe qu'un cabaretier ne peut, directement ou indirectement, pour quelque cause ou quelque prétexte que ce soit, ni à titre onéreux, ni à titre gratuit, ni dans son établissement même, ni extérieurement, faire surtout vis-à-vis de sa propre clientèle, des actes de placement ;

« Attendu, en fait, qu'il résulte de l'instruction et des débats qu'à la date du 10 mars 1904, E... qui était, jusque-là, directeur gérant de la Société « L'Etoile du Nord de la France », a été maintenu comme employé aux écritures de cette société, dont le bureau, situé dans la maison contiguë, s'est trouvé en communication permanente avec le cabaret, soit par une porte à deux battants qui, le 28 juin, n'était pas encore murée, soit par une petite porte donnant accès dans l'arrière-cuisine et qui était encore ouverte le 27 juillet dernier ; qu'en admettant qu'une pareille disposition des lieux ne puisse à elle seule tomber sous l'application de la loi, cette circonstance, jointe à ce fait que le prévenu est resté attaché, comme par le passé, à une société dans laquelle il venait d'avoir une situation prépondérante, et qu'il travaillait toujours pour le compte de cette dernière sous le nom de laquelle était géré un bureau de placement, témoigne suffisamment de sa volonté persistante de continuer vis-à-vis des ouvriers sans travail dans des conditions à peine différentes, en apparence, et en réalité, toujours identiques, au fond, cet état de choses abusif que la loi a entendu désormais faire cesser ;

« Par ces motifs,

« Condamne E... à 100 francs d'amende, avec sursis et aux dépens (1). »

2° Arrêt de la Cour d'appel de Douai, en date du 7 mars 1905.

La Cour d'appel de Douai a rendu, le 7 mars 1905, relativement à une infraction à l'article 8 de la loi du 14 mars 1904, l'arrêt suivant (2) :

« La Cour,

« Attendu que B... a été poursuivi et condamné pour avoir, à Lille, depuis le 14 mars 1904, étant débitant de boissons, joint à son établissement la tenue d'un bureau de placement ;

« Attendu que B... soutient qu'il ne peut lui être fait application des dispositions de la loi, requises contre lui, parce que : 1° en fait, il exploite le bureau dans un immeuble autre que son débit de boissons, lequel du reste a été transféré au nom de sa femme, suivant déclaration du 27 mars 1904 ; 2° en droit, parce que la loi, n'ayant pas d'effet rétroactif, ne peut porter atteinte à une situation dont le bénéfice lui était acquis antérieurement à sa promulgation ;

« En fait :

« Attendu qu'il résulte des pièces et documents versés aux débats que, dès avant 1904, le « Syndicat des patrons, hôteliers, cafetiers et restaurateurs de Lille » avait, usant du droit que lui conférait l'article 6 de la loi du 21 mars 1884, créé dans le café tenu par B..., n°..., rue..., à Lille, un bureau de placement gratuit; que B... était le gérant de ce bureau, appointé à ce titre par le syndicat ;

« Attendu qu'à la suite d'observations qui lui furent faites, le 22 mars, par le commissaire de police de son quartier, il affirma deux jours après, à ce magistrat avoir transféré son bureau au n°... de la même rue, dans une pièce située au premier étage de la maison, faisant face à son café ;

« Attendu que le commissaire de police s'étant, le 24 mars, transporté dans cet immeuble du n°..., constata que la pièce occupée n'était meublée que d'une chaise et d'une table sur laquelle étaient placés deux registres, l'un vieux de plusieurs années, l'autre sans

(1) *Gazette des Tribunaux*, 11 novembre 1904, *Bulletin de l'Office du travail*, décembre 1904, p. 1079 et 1080.

(2) *Bulletin de l'Office du travail*, avril 1905, p. 327 à 330.

inscriptions depuis le 20 janvier 1904 ; qu'il n'y avait dans cette salle ni plume, ni encre, ni papier ; qu'au contraire, dans la cuisine de B..., au n°..., il découvrit le *registre d'inscriptions* relatif aux placements faits depuis plusieurs jours, notamment la veille, ainsi que le copie de lettres en cours, relatif à ces placements ;

« Attendu que des pièces et documents versés à la procédure il résulte que, depuis le 24 mars 1904, comme auparavant, les demandes d'employés se font, soit souvent par un téléphone aboutissant au débit de boissons de B..., soit d'autres fois directement dans cet établissement ; que les garçons de café à la recherche des emplois viennent se faire inscrire au même endroit, qu'ils se réunissent dans le café le matin et le soir ; que si certains jours, B.. les fait monter dans son bureau du n°..., les appelant par la fenêtre, pour leur remettre la feuille contenant le nom du patron chez lequel ils doivent se présenter, d'autres fois B... ou sa femme vont chercher lesdites feuilles et les leur apportent dans le café ;

« Attendu que de tous ces éléments, il résulte que, en réalité, B... continue à exploiter dans son café le bureau de placement dont il est directeur ;

« Attendu que B... soutient qu'il n'est pas tenancier dudit bureau dont le titulaire serait le syndicat, que lui-même n'est qu'un intermédiaire entre le syndicat et les garçons ou patrons ;

« Attendu que, pour examiner ce point, il échet de rechercher quel a été le but du législateur lorsqu'il a défendu, dans l'article 8 de la loi du 14 mars 1904, aux débitants de boissons de joindre à leur établissement un bureau de placement ;

« Attendu que le but principal de la loi a été d'établir au profit de l'ouvrier, dans tous les cas, la gratuité du placement lorsqu'il s'adresse à l'un des bureaux dont elle prévoit l'organisation ; que pour elle son œuvre eût été défectueuse et incomplète s'il avait été possible aux placeurs de se faire payer indirectement au prix de consommations ou de repas, de location de chambres dans leurs établissements, en réservant les placements à ceux qui s'y soumettraient au détriment des ouvriers qui ne consentiraient pas à se soumettre à des moyens détournés ;

« Attendu que B... se trouve précisément dans les conditions de prohibition prévues par le législateur ; que si, en titre, il n'est pas président de la Chambre syndicale des patrons, hôteliers, cafetiers et restaurateurs, c'est lui qui, en fait, et par délégation expresse de cette chambre, recueille les demandes de placement et envoie aux patrons qui s'adressent à lui tels ou tels garçons choisis à son

gré parmi ceux qui demandent des emplois ; que c'est donc lui qui
a l'intérêt le plus direct à les voir s'alimenter dans son cabaret, et
qu'il est à redouter que son choix se porte précisément sur ceux
qui, ayant droit à un placement gratuit, consommeront chez lui,
pour le rémunérer de ses bons offices à leur égard ; que c'est pour
supprimer les abus résultant de cette situation qu'a été édictée la
prohibition de l'article 8 ;

« Attendu qu'en vain, B... prétend tirer argument en sa faveur
des travaux préparatoires de la loi du 14 mars 1904 ;

« Attendu qu'au texte de l'article 8, tel qu'il a été voté, deux
amendements ont été proposés ; que celui de M. Rudelle avait pour
but de permettre aux présidents des syndicats procurant des placements gratuits de cumuler ces fonctions avec la tenue d'un débit
de boissons, mais qu'il fut repoussé, sur cette observation du rapporteur, que ce serait permettre, sous le couvert de cette exception,
l'existence d'abus que précisément l'article 8 a voulu empêcher ;

« Attendu que cet amendement et la réponse du rapporteur n'at-
teignent en rien la situation de B... qui n'est pas le président du
syndicat des patrons hôteliers ; que bien plus les débats lui seraient
contraires s'il avait agi en cette qualité ;

« Attendu que, de son côté, M. François Fournier craignait
qu'une interprétation absolument extensive donnée par les tribunaux à l'article 8 tel qu'il est demeuré dans la loi, amenât pour les
sociétés syndicales la prohibition absolue d'avoir, au grand détriment de leur fonctionnement, et même au péril de leur existence,
leur siège dans un local exploité comme débit de boissons ou comme
auberge ; que le rapporteur répondit que rien dans la loi ne s'opposait à ce qu'un débitant ou logeur pût donner asile à un bureau
de placement ;

« Attendu que telle n'est point l'espèce sur laquelle la Cour a à
statuer ; qu'en effet, il n'est pas constaté que le cabaret de B...
puisse être le siège du syndicat ; mais que B... est poursuivi à raison de sa situation personnelle vis-à-vis du syndicat, ayant, en fait
quoique cabaretier, exercé le métier de placeur que ce syndicat a le
droit de remplir par lui-même ;

« Attendu que B.... croit devoir trouver une cause d'exonération
dans le fait que depuis le 20 mars 1904 sa femme aurait fait à sa place
une déclaration d'ouverture du débit de boissons ; mais attendu qu'on
ne doit voir dans cet acte qu'une nouvelle manœuvre de sa part pour
échapper aux conséquences de la loi ;

« Attendu que, si au point de vue de la loi de 1880 sur la police

des cabarets, sa femme lui est substituée, il ne s'ensuit nullement,
et B... ne l'allègue même pas, qu'il se soit produit la moindre modification dans ses rapports avec sa clientèle ou ses fournisseurs ; que,
pour eux, B...,qui n'est pas séparé de biens de sa femme,est demeuré
le véritable titulaire du café, continuant d'encaisser les bénéfices à
ses profits et conservant le même intérêt à l'exploitation, par des
voies détournées, de ceux qui viennent s'adresser à lui pour trouver
un emploi ;

« Attendu que B... prétend que, en admettant même que les faits
relevés contre lui puissent, en principe général, être interdits par
l'article 8 de la loi du 14 mars 1904, les pénalités édictées par l'article ne peuvent lui être appliquées, la situation dont on entend faire
dériver l'infraction à cette loi étant antérieure à sa promulgation,
et ce, d'après ce principe que, aux termes de l'article 2 du Code civil, la loi ne dispose que pour l'avenir et n'a point d'effet rétroactif ;

« Attendu qu'il convient de rappeler ici que, ainsi qu'il a été dit
plus haut, l'un des principaux buts de la loi du 14 mars 1904 a été
a gratuité du placement au profit de l'ouvrier en quête de travail,
et ce, quel que soit l'établissement public ou privé, syndical ou autre, auquel il s'adresse ;

« Attendu qu'antérieurement à la loi, il existait toute une classe,
et la plus nombreuse, de bureaux de placement qui percevaient une
rémunération à la fois de l'employeur et de l'employé ; que les articles 6 et 11 prohibent, à charge des peines édictées par l'article 9, la
perception vis-à-vis de l'employé, d'une rémunération quelconque,
qu'il s'agisse d'un bureau gratuit ou d'un bureau payant ; que cette
disposition s'applique aussi bien aux bureaux ouverts avant la loi
qu'à ceux dont l'existence est postérieure à sa promulgation ;

« Attendu que, pour les premiers, jamais il n'a été soutenu, et il
ne pouvait l'être, que la suppression de l'avantage si sérieux et si
profitable existant au profit des bureaux qui le mettaient en pratique,
de percevoir un émolument des ouvriers, dût donner lieu à une indemnité quelconque ou même que le propriétaire de ces bureaux n'en
pouvait être privé qu'après le versement d'une somme représentant
la source de bénéfices qui lui était ravie ;

« Attendu que le législateur qui attachait, dans l'intérêt des
ouvriers, la plus grande importance à ce qu'ils ne puissent être privés
d'un avantage qu'il leur accordait, s'est mis en face d'une pratique
condamnable qui lui avait été signalée par de nombreuses associations de travailleurs et de laquelle il résultait que, même sous l'apparence de la gratuité, des salaires étaient indirectement prélevés,

sous forme de consommations ou logement, par des placeurs peu scrupuleux qui n'hésitaient pas à avoir recours à ces moyens pour se procurer des avantages que leur refusait la loi ou les conventions intervenues ; que de là est né l'article 8 de la loi ;

« Attendu que la disposition prohibitive qu'il renferme est une conséquence du principe même de la gratuité, qu'elle fait corps avec lui et en est inséparable : qu'elle doit être appliquée, comme en étant un complément indispensable, dans les mêmes conditions de temps et de lieu ; qu'une interprétation différente aurait pour conséquence de créer plusieurs catégories de bureaux de placement, les uns théoriquement et pratiquement soumis à la gratuité, les autres avec possibilité d'obtenir des profits en contradiction absolue avec le principe de gratuité manifestement édicté sans distinction à l'égard de tous : que les ouvriers, suivant qu'ils s'adresseraient aux uns ou aux autres, courraient ou non le risque d'une situation que la loi a, vis-à-vis d'eux, considéré comme absolument vexatoire ; que, d'autre part, alors qu'elle a voulu faire une loi égale pour tous, elle rendrait la concurrence entre les bureaux tout à fait inégale, laissant à certains d'entre eux l'espérance et la possibilité de profits auxquels les autres ne pourraient prétendre ;

« Attendu qu'en vain il est argué que la loi n'ayant pas, pour les anciens bureaux, prévu d'indemnité d'expropriation, il en résulte que cette expropriation ne peut avoir lieu ; attendu que cependant, il en est ainsi de la prohibition appliquée aux bureaux payants déjà existants, d'exiger à l'avenir un prix quelconque des ouvriers auxquels ils procurent des placements, quelque préjudice qu'il en puisse résulter pour le placeur ;

« Attendu, du reste, que pour le cas de l'article 8, il ne s'agit et ne pouvait s'agir d'expropriation ; qu'en effet, la loi n'impose pas au cabaretier de cesser son commerce de placement ; qu'elle le met simplement en demeure d'opter, le cas échéant, entre les deux situations ; que les titulaires peuvent renoncer soit à l'une, soit à l'autre, en faisant la part tant de leurs convenances personnelles que des avantages pécuniaires qu'ils en retireront et vendre leur droit à l'exploitation et à la clientèle de celui de ces deux établissements qu'ils auront voulu abandonner ; que cette valeur représentera pour eux vis-à-vis de la loi nouvelle la perte résultant de l'option qu'elle leur impose ;

« Attendu qu'on ne peut faire état de l'argument tiré des termes de l'article 8 ; que, par cette expression « ne peut joindre », le législateur n'a pas entendu ne statuer qu'au futur, mais simplement prohiber la réunion sur une même tête des deux exploitations pouvant amener les conséquences funestes aux ouvriers, qu'il a entendu écarter ;

« Attendu enfin, et à un autre point de vue, que l'article 2 du Code civil ne s'applique pas à toutes les lois, quel qu'en soit le caractère ; attendu que la loi du 14 mars 1904, par son objet, par ses dispositions, est une loi qui touche à l'ordre public ; que ce caractère se révèle par les dispositions pénales de l'article 9 ; que, s'il en était autrement, il eut fallu considérer comme licite la convention par laquelle un ouvrier aurait, par clause expresse, consenti, par dérogation aux principes qu'elle pose, à payer un salaire au bureau qui s'occupe de son placement ; qu'un tel système aurait rendu inefficaces toutes les précautions que le législateur a entendu prendre même contre l'ouvrier, en voulant le soustraire à la tentation bien naturelle qu'il aurait eue de stimuler ainsi en sa faveur l'activité et le zèle de celui auquel il aurait confié la protection de ses intérêts ;

« Attendu qu'il est de principe que les lois ayant le caractère d'ordre public sont applicables à tous dès le jour de leur promulgation, sans qu'il y ait lieu de tenir compte de prétendus droits acquis antérieurement ;

« Attendu qu'il devient donc sans intérêt de rechercher s'il y a bien rétroactivité dans le fait de punir un acte antérieurement licite; mais qui a cessé de l'être, et en ne prenant pour base de la poursuite que des faits postérieurs à la promulgation de cette loi ;

« Par ces motifs,

« La Cour confirme le jugement dont est appel, dit qu'il sortira effet, condamne le prévenu aux frais... (1). »

La défense faite à tout hôtelier, logeur, restaurateur ou débitant de boissons de joindre à son établissement la tenue d'un bureau de placement, a été ainsi sanctionnée d'une manière rigoureuse, afin d'assurer l'application du principe de la gratuité absolue, considéré comme un principe d'ordre public.

(1) *Bulletin de l'Office du travail*, avril 1905, p. 330.

CHAPITRE III

EFFETS DE LA LOI DU 14 MARS 1904.

Nous avons vu les mesures prises pour l'application de la loi du 14 mars 1904, nous voulons ici indiquer les effets de ces diverses mesures.

§ 1. — Bureaux de placement payant.

Nous avons indiqué la statistique des bureaux de placement payant avant 1904.

A. — *Suppression de bureaux.*

L'application de la loi n'a entraîné la suppression que de 61 bureaux, tous à Paris. Le conseil municipal d'Auxerre a cependant décidé la suppression de 2 bureaux payants pour lesquels la municipalité a offert 1.500 francs que les bureaux ont refusés, réclamant 3.600 francs ; 2 autres ont été supprimés parce qu'ils étaient tenus par des logeurs. Le maire de Narbonne a aussi annoncé la suppression du bureau payant de cette ville. A Pau, les 4 bureaux payants ont fermé leurs portes. A Périgueux, 1 des 6 bureaux payants s'est transformé en bureau gratuit. Enfin, à Toulouse, un arrêté municipal avait supprimé les bureaux payants avant la promulgation de la loi (1).

(1) *Bulletin de l'Office du travail*, août 1904 : « Les premiers résultats de l'application de la loi du 14 mars 1904, relative au placement », p. 712

B. — *Bureaux maintenus.*

A Paris, 214 bureaux ont été maintenus tels qu'ils étaient avant la loi du 14 mars 1904 :

    182 pour les domestiques ;
     22 » les instituteurs et institutrices ;
      3 » les épiciers ;
      3 » les comestibles ;
      1 » les meuniers ;
      3 » les employés de commerce.

A ces 214 bureaux, il convient d'ajouter 11 bureaux qui ont été supprimés en tant qu'ils plaçaient des garçons d'hôtel, des garçons de marchands de vins, des limonadiers, mais qui continuent à être autorisés à fonctionner pour le placement des domestiques (6), des domestiques et employés (3), ou des employés et ouvriers (2) (1).

Sur ce dernier point cependant il y a controverse et la Cour de Cassation puis la Cour d'Orléans viennent de maintenir, dans toute son ampleur, une autorisation qui avait été accordée pour employés et domestiques, bien que tous les bureaux spéciaux pour les employés de l'alimentation eussent été supprimés (2). Le placeur ainsi visé ne pourrait être empêché de faire les placements prohibés par ailleurs, qu'après avoir reçu lui-même une indemnité. La loi qui oblige à supprimer en même temps tous les placeurs d'une même profession (art. 11-3°) n'est pas observée, mais il n'est pas possible de violer le droit à l'indemnité qu'elle a établi d'autre part dans son article 1er.

Afin de nous rendre compte des effets de la loi, nous nous sommes rendu chez un placeur des plus importants.

---

(1) *Op. cit.*, p. 713.
(2) Voir *suprà*, affaire X..., p. 174.

Il nous a déclaré que la suppression ne l'aurait pas in-
quiété : une indemnité lui aurait été donnée car son droit
de propriété lui paraît indiscutable, et si cette indemnité
n'avait pas été suffisante, il aurait imité l'exemple de ses
collègues de l'alimentation qui avaient porté le débat devant le Conseil de préfecture.

Au sujet de la suppression, il avait demandé si tous les
bureaux seraient rachetés, on lui aurait répondu qu'ils
« ne le seraient pas tant que la nécessité politique ne s'en
ferait pas sentir ».

De la loi, les placeurs n'ont nullement souffert.

Les autorisations ont été maintenues dans les mêmes
termes qu'auparavant, la Cour de cassation l'a décidé à
propos d'un placeur qui avait une autorisation pour le
placement des employés et domestiques (1).

Il n'avait de reproches que contre les procédés des syndicats qu'il accuse de placer les premiers venus, ou bien
de commettre des injustices en casant les camarades pré-
férés.

Sans doute, chez lui, on pouvait constater certains placements fréquents, successifs, mais il s'agissait d'employés des magasins de nouveautés, licenciés à la morte
saison.

Ce placeur nous a affirmé que l'amendement Mercier (2)
n'avait causé aucun préjudice aux placeurs : ce sont les
domestiques qui en ont le plus souffert, car les patrons
ont baissé les salaires.

Le placeur concluait que son œuvre était une œuvre
philanthropique, et il en donnait comme raison que sou-

(1) Voir *suprà*, p. 174.
(2) Voir *suprà*, p. 137.

vent « ses collègues et lui plaçaient des bonnes qui ne savaient rien faire et cependant à un taux élevé ».

Ces deux dernières affirmations sont à retenir.

Ces industriels trouvent moyen, disent-ils, de placer à des salaires élevés des bonnes ne sachant rien faire. Que devient l'argument d'après lequel l'une des principales qualités du placement payant serait le souci pour le placeur de toujours accorder les choix suivant les aptitudes ? Ce souci nous paraît disparaître devant celui de toucher une prime plus forte.

L'amendement Mercier n'a porté préjudice qu'aux travailleurs, nous avons vu plus haut quelle entente frauduleuse s'établissait entre certains placeurs et certains patrons : « ce sont toujours ceux qui ont faim qui subissent le dommage d'une mesure préjudiciable à l'une des parties d'un contrat. »

Il est bon de remarquer que c'est un des placeurs les plus honnêtes qui parlait ainsi. On peut juger d'après cette mentalité des avantages qu'une pareille industrie peut procurer aux moins scrupuleux ; on voit à quels dangers sont exposés les malheureux travailleurs qui attendent un emploi pour gagner leur vie.

§ 2. — Bureaux de placement gratuit.

A. — *Bureaux municipaux.*

La promulgation de la loi a eu pour effet de provoquer la création de bureaux municipaux de placement gratuit dans une trentaine de villes (1). Mais, d'après le recense-

(1) *Bulletin de l'Office du travail*, août 1904 : « Les premiers résultats de l'application de la loi du 14 mars 1904, relative au placement. Bureaux municipaux de placement gratuit », p. 716 et 717.

ment de 1901, il existe 268 communes de plus de 10.000 habitants et toutes n'ont pas encore de bureau municipal.

L'organisation des bureaux municipaux est d'ailleurs des plus variée.

L'Office du travail cite particulièrement les bureaux municipaux de Toulouse, Poitiers et St-Germain-en-Laye. Toulouse et Poitiers font gérer leur bureau municipal par la Bourse du travail. A St-Germain, un délégué du Syndicat des ouvriers boulangers se tient à la disposition des ouvriers et patrons pour recevoir les offres et demandes d'emploi.

B. — *Bureaux des syndicats et Bourses du travail*

L'Office du travail ne peut publier que des résultats incomplets en ce qui concerne les placements effectués, mais l'augmentation du nombre des syndicats et des Bourses donne une idée des progrès du placement gratuit de ce côté (1).

Au 1er janvier 1905 (2), 3.100 syndicats patronaux avaient organisé 266 bureaux, 97 de leurs Unions avaient 6 bureaux de placement gratuit.

4.625 syndicats ouvriers avaient 961 bureaux.

160 de leurs Unions avaient 95 bureaux,

---

(1) *Bulletin de l'Office du travail*, juin 1905 ; « État des placements effectués par les Offices de placement gratuit pendant le 1er trimestre 1905. A. Bureaux municipaux, p. 572 et 573. B. Bourses du travail, p. 574, C. Syndicats patronaux, p. 575. D. Sociétés de secours mutuels, p. 576 à 578. E. Sociétés diverses, p. 579 et 580. F. Syndicats professionnels ouvriers et mixtes en dehors des Bourses du travail », p. 581 à 590.

(2) *Bulletin de l'Office du travail*, août 1905 : « Les syndicats professionnels, les Unions de syndicats et les Bourses du travail au 1er janvier 1905 », p. 698 à 708.

Les Bourses du travail étaient au nombre de 114, groupant 2.360 syndicats comprenant 377.561 membres.

144 syndicats mixtes avait 38 bureaux.

Il est évident que le nombre des placements ne peut qu'augmenter.

En somme, le placement gratuit fait surtout des progrès sous la forme d'un organe régional, où fonctionnent librement les bureaux des groupes professionnels, et où les individus isolés peuvent aussi obtenir des emplois (1).

(1) *Bulletin de l'Office du travail*, août 1905 : « Placement gratuit des bureaux municipaux, Bourses du travail, syndicats patronaux et sociétés de secours mutuels (2ᵉ trimestre 1905), p. 754. Septembre 1905. F. Syndicats professionnels ouvriers et mixtes en dehors des Bourses du travail (2ᵉ trimestre 1905) », p. 849 à 858.

CHAPITRE IV

INSERTION DE LA LOI DU 14 MARS 1904 DANS
LE CODE DU TRAVAIL.

En 1901, M. Millerand, ministre du commerce, institua,
par arrêté du 27 novembre 1901, une Commission de
codification des lois ouvrières, dont il précisa les attributions de la manière suivante en présidant la première :
« Le premier but à poursuivre est d'introduire par un
nouveau texte plus d'ordre et plus de clarté dans les lois
ouvrières, de rassembler et de coordonner les dispositions
éparses relatives à un même sujet, de rapprocher et de
fondre les dispositions qui, rendues à des dates diverses,
répondent à un même ordre d'idées. »

« Il ne s'agit pas de rédiger de toutes pièces un Code nouveau de législation ouvrière, et d'y faire entrer des dispositions nouvelles dont l'adoption paraîtrait désirable à la
Commission, mais de préparer avec les dispositions existantes un Code méthodique et clair, présentant dans une
vue d'ensemble la totalité des dispositions actuellement
en vigueur et qui puisse être considéré par le Parlement
comme devant être adopté sans débat (1).

---

(1) Exposé des motifs du projet de loi portant codification des lois
ouvrières, liv. I, II, III et IV du Code du travail et de la Prévoyance
sociale, présenté au nom de M. Emile Loubet, Président de la République française, par M. Fernand Dubief, ministre du commerce, de l'industrie des postes et des télégraphes. Annexe ou procès-verbal de la
séance du 6 février 1905, n° 2237, p. 5 et 6.

« En montrant dans un ordre logique ce qu'est actuellement la législation ouvrière, ajoutait M. Millerand, la Commission fera nécessairement apparaître ce qu'elle doit être, et le législateur saura mieux sur quels points doit désormais porter son effort réformateur. »

M. Raoul Jay, professeur à la Faculté de droit de l'Université de Paris, chargé du rapport de la Commission de codification des lois ouvrières sur le livre I du Code du travail et de la prévoyance, ayant pour titre : Des conventions relatives au travail, a inséré dans ce livre I, la loi du 14 mars 1904, sur le placement des ouvriers, sauf l'article 13 (1).

C'est le titre IV, qui traite : Du placement des travailleurs.

Dans ce titre IV, le chapitre I intitulé : Dispositions générales, comprend les articles 72 à 75. L'article 72 reproduit l'article 7 de la loi du 14 mars 1904 ; l'article 73 reproduit l'article 10 de cette loi et l'article 6 du décret du 25 mars 1852 ; l'article 74 reproduit l'article 8 de la loi du 14 mars 1904 et l'article 75 : l'article 12, § 2 de cette loi.

Le chapitre II : Du placement gratuit, comprend les articles 76 à 80. L'article 76 reproduit l'article 2 de la loi, l'article 77 : l'article 3, l'article 78 : l'article 4, l'article 79 : l'article 5 et l'article 80 : l'article 6.

Le chapitre III : Des bureaux de placement payant, comprend les articles 81 à 91. Dans la section I : De l'autorisation des bureaux, l'article 81 reproduit l'article 1, § 1 du décret du 25 mars 1852, l'article 82 : l'article 2 du décret, l'article 83 : l'article 3, § 2 du décret, l'article 84 : l'article 11, § 6 de la loi du 14 mars 1904 ; l'article 85 :

(1) Rapport de M. Jay sur le livre I du Code de travail, p. 96 et 117 à 220.

l'article 5 du décret du 25 mars 1852 et l'article 86 : l'article 7. Dans la section II : De la suppression des bureaux, l'article 87, § 1 reproduit l'article 11, § 1 de la loi du 14 mars 1904 et le paragraphe 2 : l'article 1, § 3 de cette loi, l'article 88 : l'article 11, § 3 ; l'article 89 : l'article 1, § 2 ; l'article 90, § 1 : articles 1, § 1 et 11, § 1 de la loi, le paragraphe 2 : l'article 11, § 2 ; le paragraphe 3 : article 11, § 5 ; le paragraphe 4 : article 11, § 4 ; l'article 91 reproduit l'article 42, § 3 de la loi.

Il y a lieu de mentionner encore que le titre V : Des pénalités, contient, dans son article 95, la reproduction des articles 6, 9, § 1, 2, 3 et 11, § 6 de la loi du 14 mars 1904 et de l'article 4 du décret du 25 mars 1852.

Enfin, dans les dispositions transitoires, l'article 97, visant l'article 13 de la loi du 14 mars 1904 qui déclarait la loi applicable à l'Algérie, décide : « Restent respectivement en vigueur en Algérie et aux colonies, les lois qui y sont virtuellement applicables. Des décrets rendus sur la proposition du ministre des colonies et des ministres compétents peuvent déterminer les conditions d'application en Algérie et aux colonies des dispositions du présent livre. » Dans le même chapitre, l'article 98 abroge, entre autres lois ou décrets, le décret du 25 mars 1852 et la loi du 14 mars 1904, sauf l'article 13, et généralement toutes les lois qui ont été abrogées par celles énumérées dans cet article 98.

M. Charles Benoist, rapporteur du projet de codification des lois ouvrières à la Chambre des députés, a justifié l'insertion des dispositions qui précèdent, de la manière suivante :

« Il n'y a pas la moindre chose qui puisse faire de la codification entreprise une opération délicate ou hasardeuse dans le titre IV : Du placement des travailleurs, qui est une combinaison de quelques articles du décret du 25 mars 1852 et de presque tous les articles de la loi du 14 mars 1904.

« Cette loi est encore trop récente, la préparation et la discussion en sont encore trop présentes à toutes les mémoires pour que nous analysions longuement le titre du Code du travail où elle va bientôt sans doute s'absorber et se fondre (1).

« La Commission de codification, en classant à sa place dans le projet de Code la loi de 1905 , s'est contentée de faire observer que le second paragraphe de l'article 90 du livre 1er (art. 2, § 2, de la loi) lequel stipule : « Les indemnités dues aux bureaux de placement payant supprimés dans les cinq années qui suivront le 17 mars 1904 seront fixées d'après l'état de ces bureaux à la date précitée », devra être supprimé dès qu'il sera caduc de fait au 17 mars 1909.

« De plus, elle exprime le vœu, à propos de l'article 91, que l'exception, résultant de la loi de 1904, et qu'elle sera contrainte d'enregistrer, par les agences lyriques, théâtrales, etc., disparaisse au plus tôt, et que toutes les agences qui font du placement soient soumises à toutes les dispositions de la législation générale du placement (2). »

(1) M. Charles Benoist renvoie, pour plus amples renseignements, au rapport de M. Chambon à la Chambre des députés, V. *suprà*, p. 90.

(2) Rapport de M. Charles Benoist au nom de la Commission du travail chargée d'examiner les projets de loi portant codification des lois ouvrières (liv. I, II, III, IV et V du Code du travail et de la Prévoyance sociale). *Doc. parl.* Chambre des députés, session ordinaire, séance du 22 février 1905, Annexe nº 2262, p. 214 et 215.

La Chambre des députés,dans sa séance du 15 avril 1905, a adopté sans discussion toutes les parties du projet qui lui étaient soumises.

(1) *J. Off.* du 16 avril 1905. Chambre des députés, p. 1445.

[illegible] de la loupe et [illegible]

[illegible] de [illegible] de [illegible] du [illegible]
[illegible] plante [illegible] mystère [illegible] du caout-[illegible]
[illegible] août [illegible]

CONCLUSION

Dans cette conclusion, nous voulons d'abord résumer
l'ensemble de notre travail, puis indiquer les enseignements qu'il convient d'en extraire pour l'amélioration de
nos institutions de placement.

I. — *Résumé de notre travail.*

En théorie, le placement doit être professionnel et gratuit.

Le premier principe qui doit régir toute bonne institution du placement est le principe du placement professionnel ; car, dans chaque profession, l'intérêt primordial est
d'assurer du travail constamment à tous ceux qui exercent
cette profession. Le caractère familial de certaines professions attachées à la personne permet difficilement, il est
vrai, de les réunir en groupements professionnels ; pour
ces professions et pour toutes celles qui sont insuffisam-
ment déterminées, le groupement régional est préférable (1).

Le second principe, qui doit dominer toute bonne institution de placement, est celui de la gratuité absolue. Le
travail n'est pas une marchandise, c'est une fonction sociale ; toute prime sur le travail est contraire à la solidarité sociale, à une politique démocratique, au devoir humanitaire. L'industrie des placeurs a dû être réglementée,
leurs bénéfices tarifés ; les abus en sont tels que la liberté

_____

(1) Voir *suprà*, p. 11 à 14

de l'industrie est impossible à cet égard, l'intérêt des placeurs, même sans abus, est directement opposé à celui des
travailleurs, des patrons et de toute industrie en général,
car les placeurs tirent profit du chômage individuel, d'une
mauvaise répartition des forces productives, du manque
d'organisation dans l'industrie. Patrons et ouvriers ont
tout au contraire intérêt à éviter un chômage quelconque,
et à chercher leur sécurité dans une égale répartition des
forces productives au moyen d'une forte organisation professionnelle. L'industrie des placeurs porte ainsi atteinte
au droit des travailleurs ; or, dans un pays démocratique,
toute institution qui porte atteinte au droit individuel
compromet la sécurité du corps social tout entier ; elle doit
donc être supprimée ; le placement doit être essentiellement gratuit.

Après avoir indiqué les deux principes qui, en théorie,
doivent régir toute bonne organisation du placement, nous
avons cherché à en déterminer l'évolution. Nous avons
dit que l'histoire des institutions de placement se confond
avec l'histoire des progrès de l'organisation de l'industrie
par groupements professionnels. Après la suppression
des corporations et surtout l'avènement de la grande industrie, le recrutement des forces productives et leur répartition suivant les aptitudes restaient exposés aux hasards de la rencontre sur les places de grève ; leur emploi
fut subordonné aux spéculations des industriels ou des
courtiers en placement. Les abus des placeurs libres furent
tels que leur industrie dût être réglementée et tarifée.

Le décret de 1852 avait surtout pour but de préserver
le salaire de l'ouvrier de l'exploitation dont il avait été
victime jusque-là de la part des bureaux libres. La Commission, chargée d'étudier les réformes susceptibles de

mettre un terme aux abus dérivés de la liberté de cette
industrie n'avait pas osé faire du placement un service
public, le souvenir des ateliers nationaux étant trop
proche, et elle avait proposé de laisser exercer le placement par des particuliers, mais sous réserve d'une autorisation de l'autorité municipale, d'une surveillance des
plus sévères sur les conditions du placement, sur le fonctionnement des bureaux, la moralité, le maintien du bon
ordre et la loyauté de la gestion. Les infractions au décret
et aux règlements entraînaient des pénalités et pouvaient
entraîner le retrait de l'autorisation.

Malheureusement la surveillance fit défaut, non seulement sur les bureaux autorisés, mais même sur les bureaux clandestins.

Des abus scandaleux se produisirent : on put reprocher
à certains tenanciers d'exiger, avant d'indiquer des emplois, des avances qu'ils ne restituaient pas, même quand
ils n'opéraient pas le placement, de mettre aux enchères
les places les meilleures, d'entretenir un chômage factice
en attirant des campagnes vers les villes par l'appât d'un
gros gain un trop grand nombre d'ouvriers, de s'entendre
avec des gérants ou patrons pour provoquer le renvoi
d'employés ou ouvriers afin de multiplier les occasions
de percevoir de nouveaux droits de placement, d'annoncer des emplois imaginaires ou non vacants, de vendre
des fonds de commerce dont les cessionnaires devenaient
leurs obligés et étaient tenus de s'adresser toujours à eux
pour le recrutement de leur personnel, d'adjoindre à leurs
bureaux des hôtels, restaurants ou boutiques de marchands de vins où ils achevaient de dépouiller les malheureux sans-travail de leurs économies, de s'occuper du ma-
riage et de l'établissement de certains employés et patrons

pour les tenir à leur merci, de se faire les pourvoyeurs de maisons de tolérance.

Ces scandales soulevèrent des réclamations violentes et même des émeutes.

L'opinion publique, puis le Parlement s'émurent de pareils faits.

De 1882 à 1897, dix propositions de loi furent successivement présentées à la Chambre des députés pour demander l'abrogation du décret du 25 mars 1852 et la réforme du placement.

Mais l'intérêt particulier des tenanciers de bureaux autorisés trouva, dans la Chambre et le Sénat, des avocats qui, poussés par la crainte du socialisme et aussi par une fausse conception de la liberté de l'industrie, soutinrent avec tant de persistance le droit de propriété de ces placeurs que le Parlement n'osa pas supprimer une institution dont les abus rendaient le maintien impossible.

Il apparaissait bien cependant que le travail n'était pas une marchandise et que le prélèvement sur un salaire à créer, si nécessaire à des ouvriers sans travail, n'était guère conforme aux idées de justice sociale et de solidarité. Mais la suppression pure et simple du décret de 1852 n'aurait peut-être pas produit le résultat espéré, car aucune institution n'était organisée pour réaliser toutes les opérations de placement qui se présenteraient.

On essaya alors de substituer des institutions de placement gratuit aux bureaux payants, et de ruiner progressivement ces derniers par la concurrence de bureaux gratuits. C'est ainsi que la loi du 21 mars 1884 permit aux syndicats professionnels d'organiser des bureaux de placement gratuit, que la loi du 1er avril 1898 donna la même faculté aux sociétés de secours mutuels ; en outre, à Paris et en province, depuis 1882 et surtout 1887, un certain nombre de bureaux municipaux de placement gratuit étaient créés.

Ce n'était pas là une concurrence qui pût faire baisser les recettes des bureaux payants. Les gens qui ont faim sont toujours une proie facile et qui ne peut se dérober aux exploiteurs, les placeurs, industriels habiles, entretenaient le chômage, déplaçaient et replaçaient leurs victimes, augmentaient par des procédés plus ou moins fallacieux les occasions de percevoir des primes nouvelles. Les syndicats ouvriers d'autre part, avaient à lutter contre la méfiance et l'intérêt politiques des patrons. La situation ne s'améliorait pas.

Le 17 mars 1897, le gouvernement déposa un projet de loi qui, sans se prononcer sur la nature du droit des tenanciers des bureaux autorisés, tâchait de favoriser le placement gratuit, et, tout en maintenant le placement payant, s'efforçait d'en prévenir les abus et les réprimait correctionnellement. En outre, le projet rétablissait l'égalité entre le patron et l'ouvrier en mettant pour moitié à la charge de chacun le payement du droit de placement.

Adopté par le Chambre, le projet fut rejeté par le Sénat dans ses dispositions les plus libérales, et la situation des tenanciers des bureaux autorisés se fût trouvée fortifiée si le projet n'était devenu caduc par la fin de la législature.

En 1900, une nouvelle proposition, adoptée par la Chambre des députés, prononça nettement la prohibition d'accorder de nouvelles autorisations de créer des bureaux payants, puis, pour ne pas créer un monopole au profit des bureaux existants, elle autorisa les municipalités à racheter les bureaux moyennant indemnité. Après un délai de cinq ans, tous les bureaux devaient être supprimés sans indemnité.

Repoussée par le Sénat, cette proposition fut reprise par la Chambre des députés en 1903, et cette fois le Sénat y fit un accueil moins rigoureux.

Il se résigna à prononcer la suppression des bureaux autorisés, mais sous la condition d'une juste indemnité ; en outre, aucun délai n'était fixé pour leur suppression et cette suppression n'était que facultative. Les bureaux payants non rachetés continuaient leur industrie purement et simplement. D'autres bureaux pouvaient même être autorisés dans l'avenir, il est vrai que cette autorisation ne pouvait donner qu'un titre précaire. Un amendement imprévu vint mettre à la charge du patron seul le payement des droits de placement.

Si nous rapprochons cette œuvre législative de la statistique des opérations effectuées par les divers organes de placement gratuit, nous pourrons en déduire cette formule : c'est que l'évolution du placement paraît tendre vers la création d'organes locaux de placement gratuit destinés à grouper toutes les professions, mais en laissant une autonomie complète à chaque groupement et en assurant l'égalité des patrons et des ouvriers avec leur indépendance ; pour produire leur plein effet, ces organes locaux sont reliés ensemble par des communications incessantes leur faisant connaître l'état du marché du travail dans tout le pays.

Nous avons vu que les quatre principes, qui font le placement paritaire, local, fédératif et gratuit, régissent les meilleures organisations étrangères.

La loi du 14 mars 1904 a-t-elle réalisé ces idées ; a-t-elle constitué une organisation du placement qui donne satisfaction aux besoins de l'industrie ?

Cette loi, nous l'avons vu, maintient le placement payant dont elle autorise seulement la suppression facultative. Dans certaines villes, notamment à Paris, une réglementation nouvelle a été faite, mais elle n'a pas changé les principes, elle a seulement mis en pratique les mesures édictées par la loi en vue de prévenir les abus qui avaient été reprochés aux bureaux autorisés.

Cette loi permet ensuite le placement gratuit sans autorisation aux syndicats, Bourses du travail, compagnonnages, sociétés de secours mutuels et toutes associations légalement constituées, à la seule condition d'une déclaration préalable à la mairie de la commune où ils sont établis. Toutes les communes sont obligées de tenir un registre des offres et demandes d'emplois ; les plus importantes doivent créer un bureau municipal de placement gratuit.

Mais elle n'a rien organisé. Née de circonstances urgentes, elle semble avoir eu surtout pour but de réprimer les abus des institutions existantes, institutions empiriques nées de besoins immédiats, elle n'a pas, même en principe, défini une institution scientifiquement constituée, capable de coopérer utilement à une répartition profitable des forces actives dans le pays.

L'insertion de la loi dans le Code du travail provoquera peut-être des observations de nature à la faire modifier.

Nous allons relater les enseignements que nous pouvons déduire des résultats de la loi de 1904 et indiquer les principes qu'une législation nouvelle devrait consacrer.

§ 2. — Enseignements déduits des résultats de la loi de 1904.

Les résultats de la loi du 14 mars 1904 nous permettent de déduire certains enseignements pour la législation future.

Ces enseignements ont trait principalement à la nécessité de supprimer d'une manière absolue le placement payant, et, d'autre part, d'organiser, autant que possible, d'une manière scientifique, le placement gratuit.

1° *Suppression absolue du placement payant.* — Les résultats de la loi de 1904 ont montré le danger du maintien facultatif du placement payant.

La disposition introduite, votée au Sénat par amendement, qui a mis à la charge de l'employeur seul tous les frais du placement, paraissait avantageuse aux travailleurs, il a abouti simplement à un abaissement des salaires. Un jugement a constaté l'accord frauduleux entre certains placeurs et patrons (1), mais le mal est général et permanent : cet accord frauduleux est annoncé publiquement sur des tarifs imprimés : le salaire est fixé à un taux plus ou moins élevé suivant qu'il doit être payé, déduction faite du placement ou y compris le droit de placement. En réalité, c'est toujours le malheureux travailleur qui paie les frais.

Cette prime sur le travail est d'autant plus fâcheuse qu'elle est assez élevée, et d'autant plus lourde qu'elle frappe de petits salaires.

On ne peut invoquer l'argument d'après lequel les bureaux payants se préoccuperaient toujours de placer suivant les aptitudes et de choisir avec un soin spécial les

(1) Voir *suprá*, p. 180.

ouvriers, employés ou domestiques qui leur sont demandés. Cet argument n'a aucune valeur à la suite des déclarations de ce placeur des plus considérables (1) qui se vante, avec une cynique naïveté, que ses collègues et lui placent des bonnes qui ne savent rien faire et à des taux élevés. Cette supercherie ne rend nullement service à ces pauvres filles : les patrons s'aperçoivent vite de l'incapacité de leurs bonnes, ils les renvoient et elles roulent de place en place jusqu'à la misère et la prostitution. Cette tromperie ne profite qu'aux placeurs qui touchent des droits de placement successifs.

D'autre part, les autorisations anciennes ont été maintenues intégralement à tous les bureaux appartenant aux catégories non supprimées. Or quelques-uns de ces bureaux avaient reçu l'autorisation de placer à la fois des employés et des domestiques ; ils ont émis la prétention, même après que la suppression de tous les bureaux d'une même profession eût été ordonnée, de continuer le placement dans les conditions où ils étaient autorisés et de faire le placement des employés appartenant à des professions dont tous les bureaux étaient supprimés. Des difficultés d'interprétation ont été soulevées sur le sens des mots : employés et domestiques, et la Cour de cassation a déclaré légale leur prétention (2). Il en résulte que les bureaux maintenus dans ces conditions, jouissant d'une autorisation retirée aux bureaux spéciaux, bénéficieront d'un monopole qui les rendra plus puissants et plus riches.

Le grave danger à redouter est que les bureaux autorisés ne trouvent là une consolidation de leur droit et qu'ils ne continuent à prélever la dîme onéreuse qu'ils pren-

(1) Voir suprá, p. 198.
(2) Voir suprá, p. 174.

nent sur le salaire nécessaire des ouvriers les plus malheureux. Sans doute, les bureaux autorisés après le 17 mars
1904 peuvent être supprimés sans indemnité, mais n'est-
il pas à craindre qu'un jour l'intérêt particulier de ces tenanciers ne trouve des avocats pour faire modifier cette
décision au nom de la liberté de l'industrie. Dans tous les
cas, il nous paraît injuste que la classe ouvrière reste op-
primée par le placement payant dont l'intérêt est exactement contraire à celui des travailleurs et même de l'industrie.

2° *Organisation du placement gratuit.* — La loi a simplement autorisé les syndicats professionnels, les Bourses du travail, les compagnonnages, les sociétés de secours
mutuels, les associations légalement reconnues à créer
des bureaux de placement sous la seule condition d'une
déclaration préalable. Elle en a imposé l'obligation aux
municipalités des villes au-dessus de 10.000 habitants.

Mais elle n'a pas organisé le placement gratuit, elle
n'en a même pas imposé la statistique.

A ce sujet, nous pouvons rappeler que le projet de 1897
imposait aux municipalités l'obligation de faire au conseil
municipal un rapport annuel sur les opérations des bureaux autorisés ; un rapport d'ensemble devant ensuite
être envoyé à l'Office du travail, au ministère du commerce.

Cette disposition n'a pas été reproduite dans la loi du
14 mars 1904, et c'est très regrettable ; car l'Office du travail est obligé de constater, dans ses relevés mensuels ou
trimestriels, que beaucoup de ses questionnaires restent
sans réponse.

L'intérêt pratique de ces statistiques est considérable
cependant, puisque, par le rapprochement de leurs don-

nées, il serait possible de constater vers quelles industries il serait utile de diriger des forces actives.

Dans une proposition récente relative au chômage et à la crise du travail rural, M. Engerand, député, dit notamment qu'un gouvernement avisé devrait prévoir les conséquences de certaines crises et chercher à en atténuer l'effet en mettant les ouvriers, dépossédés par les machines, à même de trouver des occupations de remplacement.

D'autre part, la Chambre des députés, dans sa séance du 3 décembre 1904, a adopté l'ordre du jour suivant déposé par M. Vaillant et plusieurs de ses collègues : « La Chambre donne à la Commission du travail le mandat d'organiser une enquête permanente sur le chômage industriel et agricole, national et régional, et sur les moyens de le prévenir et de l'atténuer. »

Une bonne institution de placement peut seule atteindre ce résultat ; par une information toujours précise des besoins de l'industrie dans chaque région et dans le pays tout entier, elle peut seule répartir les forces actives de la nation de manière à assurer le plus grand rendement et la plus grande prospérité économique.

Or nous avons vu que les Bourses du travail, quand elles fonctionnent suivant la première conception qui en a été formulée, constituent l'organe régional qui peut faire le placement professionnel et gratuit dans les meilleures conditions : les progrès de l'éducation sociale en assureront, avec le temps, le fonctionnement régulier.

Nous concluons en souhaitant la suppression intégrale du placement payant, et l'organisation fédérative de tous les organes du placement gratuit afin d'assurer, par un emploi permanent et une égale répartition de toutes les forces productives du pays, la sécurité de tous les travailleurs, leur amélioration matérielle et la prospérité du pays tout entier.

Vu :

Le Président de la Thèse,
RAOUL JAY.

Vu :

Le Doyen,
GLASSON.

Vu et permis d'imprimer :

Le Vice-Recteur de l'Académie de Paris,
L. LIARD.

TABLE DES MATIÈRES

	Pages
Bibliographie	VII
Introduction	1
Division du travail	4

PREMIÈRE PARTIE
THÉORIE ET ÉVOLUTION DU PLACEMENT

CHAPITRE I. — Théorie du placement

§ 1. — Principe du caractère professionnel du placement.	7
§ 2. — Principe de la gratuité du placement	13

CHAPITRE II. — Évolution du placement.

§ 1. — Considérations générales	21
§ 2. — Placement payant	30
§ 3. — Placement gratuit	41

CHAPITRE III. — Tendances du placement à l'étranger et en France avant 1904.

§ 1. — Tendances du placement à l'étranger	56
§ 2. — Statistique des opérations effectuées en France.	61

DEUXIÈME PARTIE
ŒUVRE LÉGISLATIVE RELATIVE AU PLACEMENT AVANT 1904

CHAPITRE I. — Propositions de réforme de 1882 à 1903.

§ 1. — Examen sommaire des dix propositions de loi présentées à la Chambre des députés avant le 16 mars 1897	75

§ 2. — Projet de loi déposé par le gouvernement le 18 mars 1897 79

§ 3. — Proposition de loi adoptée par la Chambre des députés le 29 novembre 1900, modifiée par le Sénat le 30 janvier 1902 88

§ 4. — Proposition de loi adoptée par la Chambre des députés le 3 novembre 1903 100

CHAPITRE II. — Préparation, discussion et vote de la loi de 1904.

§ 1. — Préparation, discussion et vote de la loi au Sénat . 104

§ 2. — Discussion et vote de la loi à la Chambre des députés 137

TROISIÈME PARTIE

PROMULGATION, APPLICATION ET EFFETS DE LA LOI DU 14 MARS 1904

CHAPITRE I. — Promulgation de la loi du 14 mars 1904. 141

CHAPITRE II. — Application de la loi du 14 mars 1904.

§ 1. — Organisation du placement payant 145

A. — Suppression de bureaux autorisés 146
B. — Réglementation de bureaux maintenus. 157

§ 2. — Organisation du placement gratuit. 161

A. — Création de bureaux de placement gratuit. . . . 161
B. — Déclaration préalable au fonctionnement des bureaux gratuits. 162
C. — Fonctionnement des bureaux de placement gratuit 162

§ 3. — Jurisprudence 172

A. — Infractions aux règles relatives à l'autorisation des bureaux de placement payant. 172
B. — Infractions à la règle relative au payement du droit de placement par l'employeur. 179
C. — Infractions à la défense faite à tout hôtelier, logeur, restaurateur ou débitant de boissons de joindre à son établissement la tenue d'un bureau de placement 182

CHAPITRE III. — **Effets de la loi du 14 mars 1904.**

§ 1. — Bureaux de placement payant.   195
§ 2 — Bureaux de placement gratuit.   198

CHAPITRE IV. — **Insertion de la loi du 14 mars 1904 dans le Code du travail.**   201

CONCLUSION.   207

Imp. J. Thevenot, Saint-Dizier (Haute-Marne).

www.ingramcontent.com/pod-product-compliance
Lightning Source LLC
Chambersburg PA
CBHW061458060726
47597CB00002B/648